经贸汉语

新世纪经贸汉语系列教程　董瑾 主编

高级教程

上册

罗陈霞　朱彤　编著

外语教学与研究出版社
北京

(京)新登字 155 号

图书在版编目(CIP)数据

经贸汉语高级教程 上册/罗陈霞,朱彤编著.—北京:外语教学与研究出版社,2003.9

ISBN 7-5600-3714-3

Ⅰ.经… Ⅱ.①罗… ②朱… Ⅲ.商务—汉语—对外汉语教学—教材 Ⅳ.H195.4

中国版本图书馆 CIP 数据核字(2003)第 089759 号

经贸汉语高级教程 上册

罗陈霞 朱 彤 **编著**

* * *

责任编辑:李彩霞

出版发行:外语教学与研究出版社

社 址:北京市西三环北路 19 号 (100089)

网 址:http://www.fltrp.com

印 刷:北京外国语大学印刷厂

开 本:889×1194 1/16

印 张:14.25

版 次:2004 年 1 月第 1 版 2004 年 1 月第 1 次印刷

书 号:ISBN 7-5600-3714-3/G·1822

定 价:80.00 元(全二册)

* * *

前 言

以新的教学理念编写一套新型经贸汉语教材的想法由来已久。2002年8月，我到上海参加“第七届国际汉语教学讨论会”，向大会提交了题为《试论商务汉语教材的建设——兼论三部商务汉语教材》的论文，并被安排作分组发言。我的想法引起了与会专家们的共鸣，大家普遍认为随着我国经济的不断发展以及来华留学生格局的变化，编写出版一套有特点的、适应当前经贸汉语教学需要的教材已成当务之急。

我们的这一想法得到了外语教学与研究出版社的积极响应，他们马上组织选题的论证和策划，召开讨论会，听取有关专家意见。在他们的鼓励和支持下，这套教材很快进入实质性编写阶段。经过10个月的艰苦工作，“新世纪经贸汉语系列教程”编写完成。

该套教材面向经贸专业留学生本科预科生，本科一、二年级及非学历教育的中、高级商务汉语班的留学生，同时也可作为外国经贸公司在华工作人员的自学用书。系列教材包括：《经贸汉语中级教程》、《经贸汉语高级教程》、《经贸汉语听和说》和《经贸汉语阅读与写作》。此套教材有以下几个鲜明的特点：

一、倡导新的语言学习理念：搭建通向经贸专业课的宽泛的语言平台

由于受时代的局限，既往的经贸汉语教材往往囿于“报价”、“索赔”

等狭义的对外贸易话题。本套教材突破传统的教学内容和方式，期望在教学手段和方法上作一些有益的尝试和探索。本套教材以经贸知识为经，以语言学习为纬，通过学习、了解和讨论当代中国经济生活中各个领域的热门话题，将语言知识和经贸知识的学习融为一体，让学生在真实的生活场景中自然而然地掌握经贸术语和经贸知识，其最终目的是给学生搭建一个相对宽泛的基础知识平台。

二、系列教材、综合训练：全面提高学生听、说、读、写能力

随着中国经济的迅猛发展，中国与世界的经贸往来不断深入，特别是中国加入世界贸易组织以来，来华留学生人数激增，汉语成为全球最新的强势语言。其中学习经贸汉语的需求更是猛涨，且留学生的层次也发生变化：学历生的比例上升。为适应全球学习商务汉语的需要，中国国家汉办也将推出“商务汉语 HSK 考试”。本套教材正是以语言生的中高级为起点，重点放在经贸专业本科教育的预科班与低年级上，在 2~4 个学期中从听、说、读、写等各个方面入手，迅速、全面、系统地提高他们的汉语水平，为他们日后进入高年级专业课及最终从事与中文有关的经贸工作打下良好的基础。

三、一线教师、多年积累：在课堂中不断提炼和丰富的成熟教材

本套教材的编写者均有十年左右的经贸汉语教学经验，且绝大多数为对外经济贸易大学的骨干教师。自 1993 年对外经贸大学首次招收经贸专业本科留学生以来，她们就一直工作在留学生本科教学第一线，不但参与了经贸专业本科留学生的汉语课程设计，而且在近十年的教学实践中，不断对课程体系、教学效果和练习类型等进行调整、修改与完善，最终形成了这套教材。可以说这是她们多年教学经验的结晶。本套教材的初稿和教案经过多年试用取得了良好的教学效果。

四、贴近当代生活、体现时代特点：感受新世纪经济腾飞的中国

语言是时代与社会的反映。本套教材选材新颖，以求近距离地反映当代中国社会经济生活各个领域的变化，让学生在学习语言的同时，有机会

深入了解新世纪的中国——不仅仅了解经济生活中的新现象，而且了解这些现象背后所反映的中国社会各个层面的变化，包括人们价值观和心态的变化。不单是所选语料，甚至在注释的例句中，也尽量选用中国经济生活的最新数据，这些准确的数字让学生在学习语法点、词汇的同时，能真切感受到新世纪中国的前进步伐。

五、各具匠心、优势互补：既各具特点又相互联系的有机整体

各分册的编写者既在全书统一原则的指导下，紧扣语言、经贸两大主题，又根据本门课程教学的特点，开动脑筋，力求创新。《经贸汉语中级教程》注重细节，主课文语料几乎全部经过大幅度加工改写，近80%的例句采用最新的真实数据，并设置了“概念链接”以拓宽学生的视野，增加了学习的深度与广度；《经贸汉语高级教程》对当代中国社会经济生活的各个领域给予了广泛的关注：从房地产到车市、从典当业到电子商务，不一而足，堪称当代中国经济的万花筒；《经贸汉语听和说》更加注重材料的趣味性，设计了丰富多样的练习形式，让学生在轻松愉快的气氛中学好汉语，了解中国；《经贸汉语阅读与写作》努力实现阅读与写作的有机融合，阅读是为写作服务的，在指导学生阅读的过程中，总结和归纳汉语写作中一些规律性的表达方式、习惯用语、固定的词组搭配等，并指导学生将其应用到写作中去，循序渐进地提高学生的写作能力。

本系列教材的最后统稿、定稿阶段正是北京“非典”疫情非常严重的时期，各册编写者相互理解、支持，克服了重重困难，保证按质按期完成书稿的编写。作为主编，我对她们所付出的辛勤努力和体现出来的高度协作精神表示衷心的感谢。同时感谢外语教学与研究出版社领导以及汉语事业部的李彩霞、彭冬林和周晓云等同志，他们对本教材的出版给予了大力支持并提出了很多建设性的意见。

由于时间、条件和水平所限，书中难免有不妥之处，敬请各位专家和读者批评指正。

董　瑾

2003年10月于北京

编写说明

《经贸汉语高级教程》是“新世纪经贸汉语系列教程”之一。本书适用于经贸专业留学生本科预科班，本科一、二年级及非学历教育的中、高级商务汉语班的留学生。同时也可作为外国经贸公司对华工作人员自学用书。本书可与本系列的其他教材配合使用。

全书共 18 课，可供经贸汉语课全年教学使用（每周 2 学时），每课由导言、生词、正课文、注释、练习、副课文六部分组成。

一、导言：概括介绍课文主要内容及相关背景知识，引出话题。

二、生词：注有汉语拼音、词性；词语解释本着准确、简洁、实用的原则，能用简单易懂的汉语解释的就用汉语解释，比较生僻或专业性较强的则配以英文释义，有些还采用了汉英两种解释，目的是使学生在对照中对于一些词语特别是经贸类及相关专业常用词语理解得更准确；部分词语标出了近义词与反义词（近义词用“≈”符号表示，反义词用“↔”符号表示），以帮助学生举一反三，扩大词汇量。

三、课文：均为 2002 年以后各大报刊杂志上公开发表的文章，除传统的保险业、餐饮业、零售业、农业、居民消费、汽车市场等话题外，还涉及电子商务、营销方略、跨国经营、文化产业、房地产业、典当业、广告业等，力求题材广泛、风格多样，全面而深入地反映新世纪特别是入世以后当代中国社会经济生活各个领域的基本情况。所选课文均经过认真改写，语言规范，结构清晰，难易程度呈梯度分布，循序渐进，便于学生学习与模仿。

四、注释：从教学要求和学习者的难点出发，注重实用性和针对性，力求深入浅出，简单明了。注释内容包括有助于课文理解的经贸及相关专业词语的讲解和文章中出现的语言现象的讲解，如词语用法讲解（以虚词为主，兼顾实词）、近义词辨析（每课均有5~7对近义词的辨析）、词汇知识与语法现象的介绍等。

五、练习：每课题型均为9种，主观题与客观题有机结合，习题量充足，结构合理。为适应高层次语言教学的特点，练习还加强了写作方面的训练，以满足教学实际要求（学习专业课及撰写毕业论文），同时也为学生将来从事与汉语相关的工作奠定基础。为了使学生在学习本课程的同时能够较好地适应HSK测试，本教材一些练习参照和借鉴了HSK的题型，实现了与HSK的衔接。考虑到学习者的特殊需要，还安排了一些经贸及相关专业词汇的扩展练习，以迅速高效地扩大词汇量。

六、副课文：是对正课文话题的拓展与深化，目的是扩大学生的信息量，加深对这一话题的理解，同时也起到提高学生阅读理解能力的作用。

由于时间、条件和水平所限，书中难免有不妥之处，欢迎各位专家和读者批评指正。

编　者

2003年10月

目　录

第一课 经济学家眼中的“好人”和“坏人”

人天生到底是好人还是坏人？对这个问题，中外历史上争论颇多，但对经济学家来说，这种争论没有什么意义。因为他们认为，制度的订立要服从人的本性，而不是力图改变这种本性。如果只有人伤人、人害人才能实现利己，人就比野兽还坏。如果只有人为人、人帮人才能实现利己，人就比天使还要好。

【生词】

1 **随即** suíjí（副）≈立即；立刻　随后就。

2 **领地** lǐngdì（名）≈领土　所占有的土地。

3 **罪犯** zuìfàn（名）≈犯人　有犯罪行为的人，犯罪分子。

4 **监狱** jiānyù（名）关押犯人（罪犯）的地方，也叫监牢。

5 **人满为患** rén mǎn wéi huàn 形容人多得让人忧虑。

6 **承包** chéngbāo（动）make a contract to do sth.　接受工程、订货或其他生产经营活动并负责完成。

7 **营养** yíngyǎng（名）nourishment　人、动物、植物等生长发育所需要的养分。

8 **谴责** qiǎnzé（动）≈斥责；指责　严厉责备，严正斥责。

9 **说教** shuōjiào（动）比喻脱离实际地、生硬地空谈道理。

10 **利润** lìrùn（名）profit

11 **断头台** duàntóutái（名）guillotine　执行斩刑的台子，台上有装在木架上可以升降的铡刀，用来切断人的脖子。现多用于比喻。

12 **企图** qǐtú（动）图谋，打算（多含贬义）。

13 **缘木求鱼** yuán mù qiú yú 爬到树上去找鱼，比喻方法、方向不对，不可能达到目的。

14 **乘风破浪** chéng fēng pò làng 船趁着风势，破浪前进。比喻不畏艰险，奋勇前进。

15 **风险** fēngxiǎn（名）risk　可能发生的危险。

16 **暴利** bàolì（名）短时间内非法获得的巨额利润。

17 **饮食** yǐnshí（名）吃的、喝的东西。

18 **成本** chéngběn（名）cost　生产一种产品所需的全部费用。

19 **干预** gānyù（动）≈干涉　参与、过问（别人的事）。

20 **监督** jiāndū（动）≈监视　察看并督促。

21 **秩序** zhìxù（名）order ≈次序　事物整齐地组合在一起的状况。

22 **立法** lìfǎ（动）制定法律。

23 **执法** zhífǎ（动）执行法律、法令。

24 **差事** chāishi（名）被派遣去做的事情。

25 **高薪** gāoxīn（名）↔低薪　高额的薪金。

26 **秉公** bǐnggōng（动）依照公理、主持公道。

27 **至关重要** zhì guān zhòngyào 极为重要。

28 **想方设法** xiǎng fāng shèfǎ 积极动脑筋，多方想办法。

29 **配备** pèibèi（动）根据需要分配（人或物力等）。

30 **财源** cáiyuán（名）钱财的来源。

31 **虐待** nüèdài（动）用残暴狠毒的手段对待。

32 **实施** shíshī（动）≈施行　实行（法令、政策等）。

33 **立竿见影** lì gān jiàn yǐng 在阳光下竖起竹竿，立刻可以看到它的影子，比喻见效快。

34 **奖金** jiǎngjīn（名）奖励的钱。

35 **激励** jīlì（动）激发鼓励。

36 **引导** yǐndǎo（动）≈引诱；诱导　启发诱导。

37 **顺从** shùncóng（动）依从，不违背，不反抗。

38 **力图** lìtú（动）极力谋求。

39 **煽动** shāndòng（动）从旁鼓动、挑起。

40 **严酷** yánkù（形）≈严峻 严厉，冷酷，残酷。

41 **天使** tiānshǐ（名）天帝或天神的使者。

42 **十全十美** shí quán shí měi 形容各方面都很完美。

43 **满意** mǎnyì（动）满足自己的愿望；符合自己的心意。

44 **车祸** chēhuò（名）车辆在行驶中由于发生意外而引起的人员伤亡事故。

45 **政绩** zhèngjì（名）官员在某地或某部门任职期间的业绩。

46 **考核** kǎohé（动）考查并审核。

47 **盲目** mángmù（形）像瞎了眼一样看不见事物。比喻缺乏明确的目标，认识不清或没有主见。

48 **剽窃** piāoqiè（动）plagiarize（works by other people）将别人作品的全部或一部分原样照搬或改头换面后作为自己的作品发表，是一种侵权行为。

49 **代价** dàijià（名）为达到某种目的所耗费的物力或精力。

【专有名词】

1. **澳洲** Àozhōu Australia 世界五大洲之一，又称大洋洲。
2. **哈耶克** Hāyēkè Friedrich A. Hayek (1899~1992）美国著名经济学家。

【课文】

1770 年，库克船长带领船队来到澳洲，**随即**英国政府宣布澳洲为它的**领地**。开发澳洲的事业开始了。英国政府把判了刑的**罪犯**向澳洲运送，这样既解决了英国**监狱人满为患**的问题，又给澳洲送去了丰富的劳动力。

运送罪犯的工作由私人船主**承包**。开始时英国私人船主提供的条件很差，船上拥挤不堪，**营养**与卫生条件极差，罪犯死亡率很高。据英国历史学家查理·巴特森写的《犯人船》一书记载，1790 年到 1792 年间，私人船主运送犯人到澳洲的 26 艘船共 4 080 名犯人，死亡 498 人，平均死亡率为 12%。其中一艘名为海神号的船，420 个犯人死了 158 人，死亡率高达 37%。这么高的死亡率不仅经济上损失巨大，而且在道义上也引起社会强烈的**谴责**。如何解决这个问题呢？

一种做法是进行道德**说教**，让私人船主良心发现，弃恶从善，不图私利，为罪犯创造更好的条件。一句话，依靠人性的改善。

中外历史上都有人性善还是恶的争论，但对经济学家来说，这种争论并没有什么意义。他们认为，人性只能用制度引导，而不能靠说教改变。在人们为了 300%的**利润**而敢上**断头台**的年代里，**企图**以说教来改变人性，无异于**缘木求鱼**。私人船主敢于**乘风破浪**，冒死亡的**风险**把罪犯送往澳洲是为了**暴利**。为此，他们尽量多装人，给最坏的**饮食**条件，以降低**成本**增加利润。而且，私人船主之间也存在竞争，大家都在拼命压低成本，谁要大发善心，恐怕在激烈的竞争中就会无法生存下去。在这种情况下，要把运送罪犯死亡率的下降寄希望于人的善良是毫无用处的。经济学家解决一切问题的出发点永远都是承认人性，而不是改善人性。

另一种做法是由政府进行**干预**，强迫私人船主富有人性地做事，也就是由政府以法律的形式规定最低饮食和医疗标准，并由政府派官员到船上负责**监督**实施这些规定。

市场经济应该有**秩序**，这种正常秩序的建立离不开政府的干预，离不开**立**

法和**执法**。但政府的干预也不是万能的。这种做法成本很高，要派官员到运送罪犯的船上去执法，当然是一件苦**差事**，不给**高薪**没人肯干。但有了这些官员，罪犯的待遇问题就能改善了吗？政府又如何去监督船上的官员**秉公**执法呢？即使派了监督官员的官员，这些官员也还是人，改变不了人的本性。

其实当时既没有乞求船主们发善心，也没有派什么官员，而是找到了一种简单易行的制度：政府不按上船时运送的罪犯人数付费，而按下船时实际到达澳洲的罪犯人数付费。当按上船时的人数付费时，船主拼命多装人，而且不给罪犯吃饱，把省下来的食物在澳洲卖掉再赚一笔，至于有多少人能活着到澳洲与船主无关。当按实际到达澳洲的人数付费时，装多少人与船主无关，能到多少人才**至关重要**。要多给每个人一点生活空间，要**想方设法**保证他们在长时间的海上生活后仍能活下来，要让他们吃饱，还要**配备**医生，带点常用药。罪犯是船主的**财源**，当然不能**虐待**了，这正如牧羊人不会虐待自己的羊一样。

据《犯人船》一书介绍，这种按到澳洲人数付费的制度**实施**后，效果**立竿见影**。1793 年，3 艘船到达澳洲，这是第一次按从船上走下来的人数支付运费。在 442 个犯人中，只有 1 人死于途中。以后，这种制度普遍实施，按到澳洲的人数和这些人的健康状况支付费用，甚至还有**奖金**。这样，运往澳洲的罪犯的死亡率下降到了 1%~0.5%。

私人船主的人性没变，政府也不用立法或监督，只是改变一下付费制度，一切就都解决了。这正是经济学家强调制度的原因。这种制度是一种有效的**激励**机制。

哈耶克曾经说过，一种坏的制度会使好人做坏事，而一种好的制度会使坏人做好事。制度并不是要改变人利己的本性，而是要**引导**他做有利于社会的事。制度的设计要**顺从**人的本性，而不是**力图**改变这种本性。“江山易改，本性难移”，人性是无法改变的——无论是面对最有**煽动**性的说教，还是面对最**严酷**的法律。人的本性无所谓好坏善恶，关键在于用什么制度去引导。如果只有人伤人、人害人才能实现利己，人就比野兽还坏。如果只有人为人、人帮人才能实现利己，人就比**天使**还要好。要建立一个美好的社会，不能完全依靠人性的改善或政府的英明伟大，而要靠一套把利己变为有利于社会的制度。

但制度并不是**十全十美**的。在更多的情况下，制度在引起**满意**结果的同时，也会引起不满意的结果。例如，美国制定汽车必须装安全带的制度是为了减少**车祸**伤亡的，但有安全带保护使司机把车开得更快，事故反而增加，司机因为有安全带保护，伤亡减少了，路人伤亡却增加了。再如，以**政绩考核**干部的制度是为了鼓励干部做好工作的，但也诱使一些干部假造统计数字。同样，以论文数量考核教师亦使一些教师**盲目**追求论文数量，甚至**剽窃**别人的文章。一些出发点好的制度引起不良后果的事在现实中并不少见，这正是用制度引导与规范人们行为的困难所在。

有三种方法可以引导人的行为：道德说教、政府干预和制度规范。这三种方法都有各自不同的作用，但也有各自的局限性。道德说教依靠对人性的改善，缺乏约束力。政府干预**代价**高，干预过多会有损于个人自由。制度尽管也会引起不满意的结果，但与其他两种方法相比还是最有效的。这正是经济学家重视制度的原因。重要的是设计出满意结果最大、不满意结果最小的制度。而且，要在实践的过程中不断改进和完善制度。

【注释】

一、随即英国政府宣布澳洲为它的领地

“随即”，副词，表示紧跟着就发生、立即的意思，多修饰动词、动词短语。

例如：

（1）轻轻地把孩子放上床，她自己也感觉有点儿累，随即躺在孩子身边。

（2）你们先走，我随即动身。

“随即”也可以修饰主谓短语、形容词短语。

例如：

（3）太阳钻进了云层，房间里随即暗了下来。

二、船上拥挤不堪

这里的“不堪”是形容词，表示程度深。“不堪”作形容词时，只在少部分表示消极意义的双音节形容词后作补语。

例如：

（1）他以前就住在那座破旧不堪的房子里。

（2）辛苦经营十几年的工厂倒闭了，老板痛苦不堪。

（3）劳累了一天的父亲疲惫不堪地回到了家里。

（4）谎话被当面揭穿，王小姐狼狈不堪。

（5）由于无人管理，那个露天市场混乱不堪。

这种形式相当于形容词加“极了”。

例如：

（6）我脑子里混乱极了。

（7）他心里痛苦极了。

但“极了”用于口语，使用没有限制，“不堪”多用于书面语。另外，“不堪”还可以作动词，有两个意思，一是“承受不住”，二是“不能”（多用于不好或不愉快的方面）。

例如：

（8）她脆弱得不堪一击。

（9）那是一段不堪回首的日子。

三、而且在道义上也引起社会强烈的谴责

“谴责”，其近义词是“斥责”、“指责”，三个词都是动词。“谴责”指严厉责备，严正申斥；“斥责”指用最严厉的言语指出别人的错误或罪行；“指责”指挑出错误，加以批评。它们的区别在于：

1. “谴责”、“斥责”侧重在严厉揭露和批驳错误或罪行，语意较重；“指责”侧重在指出并批评错误，语意较轻。
2. “谴责”、“指责”多用于庄重的场合，可用于国家、政府、个人之间，采用书面或口头的形式；“斥责”多用于一般场合，人与人之间，采用口头的形式。和“斥责”和“指责”相比，“谴责”的书面色彩更浓。

例如：

（1）世界舆论一致谴责这一侵略行径。

（2）母亲生气地大声斥责自己逃学的孩子。

（3）我们不应该指责一个敢于说真话的人。

（4）无故受到大家的指责，她委屈极了。

四、让私人船主良心发现/谁要大发善心/要把运送罪犯死亡率的下降寄希望于人的善良是毫无用处的

“良心”，指内心对是非善恶的正确认识（特指跟自己的行为有关的认识）；“善心”，善良的心，好心肠。它们都是名词，“善良”是形容词。

例如：

（1）说句良心话，我真的不喜欢他。

（2）凭良心讲，大家对他的态度是不公正的。

（3）他为什么对你大发善心？

（4）她是一个心地善良的人。

五、中外历史上都有人性善还是恶的争论

中国哲学传统中有性善论与性恶论之争，哲学家孟子主张性善，另一哲学家荀子主张性恶。孟子认为，人性应该是人的社会性与自然性的统一，人性中生来就具有“仁、义、礼、智”等美德的萌芽。人性中有了善的萌芽，再进行礼义方面的教化，对这个萌芽加以培养和扩充，就可以向着善的方向发展，人就可以成为善人，所以人的本性是善的。荀子认为，人的先天本性是恶的，只有通过后天环境的熏陶和主观上的努力学习，才能把恶的本性变为善的道德品质。人性恶既然是天生的，当然也是带有普遍意义的，所以圣人与普通百姓、好人与坏人在人性上没有区别。

在西方基督教哲学中也有性善论与性恶论之争，基督教思想家奥古斯丁主张人性本来是善的，因为上帝所造的一切都是好的，但由于人犯了原罪，堕落而变恶，因而现实的人性是恶的。贝拉基主义和半贝拉基主义派是性善论者，他们主张人性中始终存在善的源头，应通过自由意志的努力把它发扬光大。

六、企图以说教来改变人性，无异于缘木求鱼

“无异于”意思是“跟……没有差异（不同）”，其中的“于”表示比较，出现在句子中的具体形式为：

形容词/动词/数量词 + {于 + 时间词语/地点词语/名词短语/动词短语}

注意：这里的形容词、动词必须是双音节词，意思是“跟……（比）”。像这样的词还有“接近于”、“不同于”、“等同于”、“类似于”、“有别于”、“近似于”、“相当于”等。

例如：

（1）她这几天接近于疯狂地工作。

（2）这种苹果不同于一般苹果。

（3）你不能把自己等同于一般的平民百姓。

（4）那家工厂今年一个月的产量相当于去年一年的产量。

（5）有别于传统的女性，母亲是个事业心特别强的女人。

（6）树立品牌形象无异于第二次创业。

（7）对有些领域的过度投资无异于拔苗助长。

（8）把药当饭吃无异于吸毒。

七、另一种做法是由政府进行干预

“干预”，指参与、过问（别人的事）。它的近义词是“干涉”。“干涉”，指过问或制止，多指不该管而硬管。两词都是动词，都表示过问别人的事，有时可以换用。区别在于：

1. “干涉”侧重于强调过问或制止，把自己的意图强加于人，语意较重；“干预”，指一般的过问或参与，可能给对方施加一定的影响，语意较轻。
2. “干涉”的对象可以是人或事，“干预”的对象一般是事。

例如：

（1）不要干预别人的私生活。

（2）联合国安理会干预了这个地区的冲突问题。

(3) 父母不应干涉儿女的婚事。

(4) 你和朋友们正常交往，父母不干涉你。

八、市场经济应该有秩序

"秩序"，指事物整齐地组合在一起的状况，它的近义词是"次序"，指事物在空间或时间上排列的先后。两词的区别在于：

1. "秩序"是就事物的整齐状况说的，跟时间没有关系，侧重的是整齐有序，不混乱；"次序"是就事物在空间或时间上排列的先后说的，侧重于排列有序，不倒不错。
2. "秩序"意义范围较大，除了整齐有序，还可以指场面安静，局面稳定等；"次序"意义范围较小，只指依照时间、空间或重要性而排列的先后顺序。

例如：

(1) 整顿市场秩序对中国经济的发展很重要。

(2) 人们都自觉地排队等候，秩序良好。

(3) 请大家按次序入场。

(4) 这些文章的次序弄乱了，重新排一下吧。

九、政府又如何去监督船上的官员秉公执法呢？

"如何"，代词，指代不确定的状况、方式等，意思是"怎么、怎么样"。有"如何"的句子可以是疑问句也可以不是：一个句子如果是肯定句，"如何"又在其中作谓语、状语、补语时，这个句子一定是疑问句；如果"如何"构成的短语在句子中作宾语，这个句子就不是疑问句。另外，有"如何"的句子是遍指句时，这个句子也不是疑问句。

例如：

(1) 那个广告公司的近况如何？

(2) 此事如何处理？

(3) 他的车技如何？

(4) 我不知道如何处理和丈夫的关系。

(5) 我如何劝他他都不听。

(6) 不管别人如何打击他，他就是要做下去。

十、效果立竿见影/制度在引起满意结果的同时，也会引起不满意的结果/一些出发点好的制度引起不良后果的事在现实中并不少见

“后果”，指将来的结局（多用于消极方面）；“结果”，指在一定阶段，事物的发展所达到的最后状态；“效果”，指事物或动作行为产生的有效结果。它们的区别是：

“后果”侧重指坏的结果，多用于贬义；“结果”泛指事情的结局，是中性词，适用范围比“后果”大；“效果”则侧重指好的结果。

例如：

(1) 那位老师的教学效果很好。

(2) 通过讨论提高日语水平效果不错。

(3) 请你把检查的结果告诉我。

(4) 谈判进行了三个月，还是没有结果。

(5) 由此引起的一切后果，一概由你负责。

(6) 这次事故造成了严重后果，必须严肃处理。

十一、这种制度是一种有效的激励机制

“激励机制”是一套调动人的积极性的制度，主要包括激励因素、保健因素、激励措施和激励策略。其中激励因素是满意因素，有了它人们就会感到满意，受到鼓励；保健因素是不满意因素，没有它人们就会有意见和产生消极行为。常用的激励措施有目标激励、示范激励、尊重激励、参与激励、关心激励、竞争激励、信息激励等。

十二、“江山易改，本性难移”

这个短语也可以说成“江山易改，秉性难移”、“江山好改，本性难移”、“江山好改，秉性难移”，意思完全一样，指山河自然的面貌比较容易改换，而人的天赋本性是极难转变的。强调人的性格一旦形成，就很难改变它。

例如：

（1）她虽然知道“江山易改，本性难移”，但还是希望她的孩子能改好。

（2）都说“江山易改，本性难移”，我就不信！

十三、无论是面对最有煽动性的说教，还是面对最严酷的法律

“严酷”，近义词是“严峻”。“严酷”指严厉、残酷、冷酷；“严峻”指严厉、严重。他们都是形容词，区别在于：

1. “严峻”指特别厉害；“严酷”除具有特别厉害的意思外，还有残酷、冷酷的意思。
2. “严酷”多形容局势、处境等；“严峻”多形容态度、神色、形势等。“严酷”的贬义色彩比“严峻”浓。

例如：

（1）封建统治者严酷的压迫引起了人民的反抗。

（2）讲话的时候，他的神情很严峻。

（3）艾滋病在全世界的流行趋势十分严峻。

十四、这正是用制度引导与规范人们行为的困难所在

这里的“规范”是动词，是“使符合标准”的意思。

例如：

（1）要用大学生守则来规范大学生们的行为。

（2）许多专家呼吁用强制手段来规范汉字的读音和写法。

“规范”还可以作名词和形容词，作名词时，指长期以来形成的或明文规定的标准。

例如：

（3）许多道德规范是人们必须遵守的。

（4）在大多数国家，同性恋是违背社会规范的。

作形容词时，指符合标准的。

例如：

（5）那位留学生的汉语发音很规范。

（6）她跳芭蕾舞的姿势太不规范了。

【练习】

一、根据课文判断下面句子的对错，并在括号内画“✓”或“×”。

（　　）1. 英国开发澳洲的事业开始于1770年。

（　　）2. 英国私人船主运送罪犯到澳洲时，罪犯的平均死亡率高达37%。

（　　）3. 经济学家认为，私人船主虐待罪犯说明人性是恶的。

（　　）4. 政府按上船时运送罪犯的人数付费时，罪犯的死亡率很高。

（　　）5. 私人船主不再虐待罪犯，是因为他们良心发现，弃恶从善了。

（　　）6. 作者认为，在引导人行为的三种方式中，制度规范是最有效的。

（　　）7. 经济学家认为说教对于人性的改变毫无用处。

（　　）8. 哈耶克认为，要建立一个美好的社会，只能依靠一套把利己变为有利于社会的制度。

（　　）9. 汽车必须装安全带的制度在美国实施后，事故减少了，路人的伤亡也减少了。

（　　）10. 制度的规范并不是十全十美的，因为人们不容易找到满意效果最大、不满意效果最小的制度。

二、给下列句子中画线的部分选择合适的义项。

规范

A. 名词，长期以来逐渐形成的或明文规定的标准
B. 形容词，符合标准的
C. 动词，使符合标准

(　　) 1. 请使用规范的汉字。
(　　) 2. 对于那些违反社会规范的行为，人们往往不能理解。
(　　) 3. 国家准备制定法律，规范房地产市场。
(　　) 4. 这个词的用法不太规范。

完善

A. 形容词，完备而且良好
B. 动词，使完善

(　　) 1. 任何制度都有一个完善的过程。
(　　) 2. 新政府的各项措施都很完善。
(　　) 3. 希望你们完善地解决这个问题。
(　　) 4. 政府正在积极完善人才管理制度。

关键

A. 名词，紧要部分，起决定作用的因素
B. 形容词，最紧要的

(　　) 1. 关键问题是如何让孩子喜欢去幼儿园。
(　　) 2. 问题的关键在于你态度的转变。
(　　) 3. 提高产品质量是赢得更多客户的关键。
(　　) 4. 能不能考上大学，学习成绩好很重要，临场发挥也很关键。

三、选词填空。

缘木求鱼	乘风破浪	立竿见影	十全十美	虐	待
至关重要	想方设法	人满为患	企	图	

1. 任何人都有缺点，世界上没有一个人是________的。
2. 我们要________克服学习中的困难。
3. 丈夫________妻子，所以妻子和他离婚了。
4. 每年夏天，大连海边都是________。
5. 这样做简直就是________，根本不可能达到目的。
6. 罪犯________逃跑，被看守人员发现了。
7. 划船比赛开始了，几十只船________，箭一般向前划去。
8. 保证产品质量对每一个公司都是________的。
9. 那个女孩吃了减肥药后________，一下子瘦了 5 公斤。

四、辨析下列近义词并选词填空。

效果—结果—后果　　**严酷—严峻**　　**秩序—次序**

谴责—斥责—指责　　**干预—干涉**

1. 他的做法受到大家的一致________。
2. 今天发言的________，先从小李开始，然后是老王和老刘。
3. 那个年轻人愤怒地________了不法分子的丑恶行径。
4. 学生应该遵守课堂________。
5. 出了问题要勇于承担责任，不要互相________。
6. 不________别国内政，是最基本的国际关系准则。
7. 比赛的________出人意料。

8. 这是他们兄弟之间的事情，外人不便________。
9. 形势越是________我们就越要有必胜的信心。
10. 用这种药治疗感冒，____不错。
11. 你这样不顾________地去追求一个有夫之妇，将来会后悔的。
12. 你要勇于面对________的现实。

五、模仿下列句子，用括号里的词语造句。

1. 其实当时既没有乞求船主们发善心，也没有派什么官员，而是找到了一种简单易行的制度。（**既……也……而是**）
2. 对经济学家来说，这种争论并没有什么意义。（**对……来说**）
3. 在人们为了300%的利润而敢上断头台的时代里，企图以说教来改变人性，无异于缘木求鱼。（**无异于……**）
4. 如何去监督船上的官员秉公执法呢？即使派了监督官员的官员，这些官员也还是人，改变不了人的本性。（**如何……即使……也……**）
5. 人的本性无所谓好坏善恶，关键在于用什么制度去引导。（**关键在于……**）
6. 人性是无法改变的——无论是面对最有煽动性的说教，还是面对最严酷的法律。（**无论是……还是……**）

六、综合填空。

________企业发展________，文化力是一种强大的内在力量。这里所讲的文化力，________包括科技教育等智力因素，________包括理想、理念、道德、价值观等种种精神力量，________包括社会文化网络，________现实生活中发挥作用的传统文化的力量。

A. 既　　B. 也　　C. 对……来说　　D. 以及　　E. 还

七、按照适当顺序排列下面句子。

A. 对于企业来说，就是要防止财务、会计、管理、投资等方面出现漏洞。

B. 意思是如果一栋楼上的窗户有一扇破了，而且在一段时间内没有修复，就会给人一种无人管理的感觉。

C. 因此，这一理论要求要尽量防止第一扇窗户被打破。

D. 否则，企业将难以维持。

E. 在经济学界有一个重要的理论叫“破窗理论”。

F. 那么，这栋楼的窗户就会接二连三地破下去，在无序和麻木不仁的情况下最终将楼不成楼。

八、根据以下提示写一篇小文章（300~400字）。

1. 经济学家认为人的本性是什么？
2. 有三种方式可以引导人的行为，请根据课文说明它们的缺点分别是什么？
3. 为什么制度规范是这三种方式中最有效的？

九、你认为人的本性是善的还是恶的？为什么？请用以下词语表达你的看法。

良心	善心	江山易改，本性难移	痛苦不堪	规范
随即	对……来说	即使……也		

【副课文】

选择的成本

某国王有一个宝贝女儿，长得国色天香，如花似玉，引得求婚的公子王孙如过江之鲫，可是公主很挑剔，所有男人统统看不上眼。

结果韶华将去而驸马爷仍不知身在何处，无奈之下，丞相出了个招儿：比赛招亲。

“比赛招亲”再老套不过，不过故事的进展颇有意思。

比赛招亲规定：以城外100米为起点，第一个跑过50米平地和游过50米护城河的便是冠军。冠军者，可任选“良田万亩”、“黄金万两”或者“招为驸马”。

一声令下，成千上万的勇士们如脱缰野马般往前跑，跑到护城河边，大家呆了：河里游着几百条张牙舞爪的鳄鱼。

一分钟过去了，没有人往下跳；两分钟过去了，没有人往下跳；三分钟、四分钟、五分钟过去了，全场还是一片寂静。正当大家无比失望之际，就听“扑通”一声，一名男子在池中拼死向前游。国王兴奋得大叫：“加油！加油！”所有在场的人也放开喉咙为勇士喝彩。

奇迹出现了：小伙子满身鲜血、全身衣服无处不烂，可以说是九死一生，但居然游过了护城河。

民众对小伙子的勇敢敬佩不已，国王激动得紧紧握住了小伙子的手。丞相则毕恭毕敬地对小伙子说："勇敢的小伙子啊，请你选择国王为你而设的三条奖项吧，请问，你想要良田万亩吗？"小伙子拼命地摇摇头。丞相又问："那你是想要黄金万两了吧？"小伙子头摇得更厉害了。丞相笑了："勇敢的小伙子啊，你不但拥有神将般的勇气，而且还拥有上帝般的智慧，你一定是选择第三条，要做我国的驸马爷。那么，你不但可以有良田万亩、黄金万两，同时还可以得到世上最美丽的妻子。是吗？"

终于喘过气来的小伙子直起身，哑着声音说："不！"全场的人都愣住了，小伙子接着转过身子，向丞相大吼："刚才是哪个王八蛋把我踢下水去的?!"

选择越多越好吗

我从中悟出的一条经济学道理就是：选择并非越多越好。

这与我们一般的想像相悖。通常，大家都会觉得可供选择的范围越广越好，可供选择的对象越多越好。其实，这一结论只有在选择时无需费用的情况下才能成立。然而，选择通常不是免费的，不仅选择后身体力行需要成本，选择本身也是要花费成本的。

选择为什么不是免费的呢？有许多种情况。比如说，人们为了作出合理的选择，需要有关的信息，这些信息通常不是免费的；对于获得的信息，人们要甄别从而消耗资源；有了充分、真实的信息，为合理决策，人们需要培养选择能力，为此而支付费用；有了选择能力，也有了好的信息，人们还要花费时间与精力来作出选择；另外，人们在作出选择时，有时要和他人通气，或借助于咨询机构，甚至还得报批，因此会增加选择的费用……

由于选择需要成本，这时就存在一个最优的选择边界问题——别无选择或选择太少固然不好，但也不是选择的可能性越多越好。

降低选择成本

在本文开头的故事中，公主择婿的可能性天下第一。但是，公主择婿的成本可能也是天下第一。事实上，公主择婿的范围越广，从“候补女婿”中找到“最优者”所需要的成本就越高。因此，除非减少一些选择，否则理论上几乎可以肯定公主永远也找不到东床驸马。

降低选择成本的一个办法是缩减选择范围。故事中，公主将选择对象限于“公子王孙”，这就是选择范围的缩减，应该说它非常有利于公主减少择婿成本。然而，看样子择婿的成本依然显得太高，或者公主本人选择能力实在太差，以致公主在缩小了选择范围的情况下还是难以了却心愿。

对于有些人来说，有时候选择范围的缩减是被动的，就像那个落入护城河的小伙子，他下河并非自愿，是被人踢到了河中，结果只好冒死游到对岸。

减少选择成本的第二个办法是设计成本较小的“选择制度”。比如，公主引入市场竞争的机制，用“比赛招亲”的办法来发现最优者，客观性和公平性显然都很不错，相比于原先公主和国王搞“计划经济”，一个个地去盲人摸象好多了。不过，游戏规则对于公平竞争非常重要——故事中，公主和国王似乎都没有想到，假如没有人跳下河，或者有人跳下河却非自愿该怎么办？

比如，世人无不希望自由越多越好，但如果真的让他自由，则又向弗洛姆说的那样，常常要“逃避自由”。经声佛号中，那顶礼膜拜的，有多少是主动放弃选择，虔诚祈祷“上苍指路”的？

世上也有这样一类人，有时“上帝之手”掷下的骰子，碰巧会帮助他减少选择范围，从而造就了他，让他成为大英雄。人们通常所说的“运气”或者“不确定性”就包含这样一类东西。

环顾四周，鳄鱼还在不停地蠢蠢扑来，你是选择出刀，还是抱怨命运？为自己祈祷吧，上帝有时看似抛弃了你，其实是在拯救你。

第二课 中国的就业空间有多大

劳动者就业，是一个关系到国家经济和人民生活的重大社会问题。这个问题解决不好，不仅会影响国家经济的健康发展，而且还会影响整个社会的稳定。截至2000年11月，中国大陆共有13亿人，是世界上人口最多的国家，就业问题比世界上任何一个国家都要复杂，扩大就业的任务比任何一个国家都繁重。那么，中国的就业空间到底有多大呢？

【生词】

1 **就业** jiùyè（动）参加工作。

2 **繁重** fánzhòng（形）（工作、任务）多而重。

3 **供大于求** gōng dà yú qiú ≈供过于求；↔供不应求　供应的比需要的多。

4 **调整** tiáozhěng（动）改变原来的情况，适应环境和要求。

5 **突出** tūchū（形）明显。

6 **预计** yùjì（动）预先计算、计划或推测。

7 **下岗** xiàgǎng（动）企业职工因企业破产等原因失去工作。

8 **富余** fùyu（形）足够而有剩余。

9 **转移** zhuǎnyí（动）改换位置，从一个地方到另一个地方。

10 **面临** miànlín（动）≈面对　面对（问题、形势等）。

11 **数据** shùjù（名）data　进行各种统计、计算、科学研究或技术设计等所依据的数值。

12 **显示** xiǎnshì（动）明显地表现。

13 **庞大** pángdà（形）≈巨大　很大。

14 **导致** dǎozhì（动）引起。

15 **环节** huánjié（名）link　互相关联的许多事物中的一个。

16 **处于** chǔyú（动）在某种地位或状态。

17 **攻坚** gōngjiān（动）比喻努力解决某项任务中最困难的问题。

18 **冲击** chōngjī（动）比喻干扰或打击，使受到影响。

19 **充分** chōngfèn（形）足够。

20 **大局** dàjú（名）↔环节　整个的形势。

21 **良性** liángxìng（形）↔恶性　能产生好的效果的。

22 **互动** hùdòng（名）互相之间的作用、影响。

23 **搭载** dāzài（动）乘坐和运送。

24 **途径** tújìng（名）approach; avenue　道路（多比喻解决问题的办法）。

25 **从业** cóngyè（动）从事某种行业或职业。

26 **领域** lǐngyù（名）学术思想或社会活动的范围。

27 **差距** chājù（名）gap　事物之间的差别程度，也指距离某种标准的差别程度。

28 **潜力** qiánlì（名）还没有发挥出来的力量。

29 **岗位** gǎngwèi（名）原指军警守卫的处所，现泛指职业。

30 **载体** zàitǐ（名）carrier

31 **入股** rùgǔ（动）become a shareholder　加入股份。

32 **融资** róngzī（动）finance　通过借贷、租赁、集资等方式使资金得以融合并流通。

33 **促进** cùjìn（动）推动使发展。

34 **衔接** xiánjiē（动）事物相连接。

35 **日渐** rìjiàn（副）一天一天慢慢地。

36 **养老金** yǎnglǎojīn（名）old-age pension　一种养老保险待遇。

37 **自主** zìzhǔ（动）act on one's own　自己对某项事情负完全责任并作出决定。

38 **调节** tiáojié（动）从数量上或程度上改变原来的情况，使适合要求。

39 **一贯** yīguàn（副）表示行为动作始终不断，或情况始终不变。

40 **机制** jīzhì（名）mechanism　一个工作系统的组织或各部分之间相互作用的过

程和方式。

41 **排忧解难** pái yōu jiě nàn 排除忧虑，解除困难。

42 **落实** luòshí（动）carry out

43 **招用** zhāoyòng（动）招聘录用。

44 **自谋职业** zì móu zhíyè 自己找工作。

45 **创业** chuàngyè（动）start an undertaking 创办事业。

46 **源头** yuántóu（名）河流的水最开始流出的地方。

47 **尽量** jǐnliàng（副）to the best of one's ability 力求在一定范围内达到最大限度。

48 **挖掘** wājué（动）excavate; unearth 挖。

49 **安置** ānzhì（动）allocate accommodation to sb.; put sb. or sth. in place ≈安排 使人或事物有着落。

50 **地域** dìyù（动）region; district 面积相当大的一块地方。

51 **差异** chāyì（名）区别；不同。

52 **到位** dàowèi（动）到达适当的位置或预定的地点。

53 **安居乐业** ān jū lè yè 安定地生活，愉快地劳动。

【专有名词】

1. **劳动和社会保障部** Láodòng hé Shèhuì Bǎozhàng Bù 中国国家机关名称。
2. **中国人民银行** Zhōngguó Rénmín Yínháng 中国的中央银行。

【课文】

就业是关系到国民经济和人民生活的重大社会问题，也是世界难题。在有着 13 亿人口的中国，就业问题比任何一个国家都复杂，扩大就业的任务比任何一个国家都**繁重**。那么，中国的就业空间到底有多大呢？

人口多是中国的基本国情，劳动力**供大于求**的矛盾将长期存在。随着产业结构的**调整**，以及加入 WTO（世界贸易组织）等因素的影响，这一矛盾在今后将变得更加**突出**。

首先是新增劳动力数量迅速增加。据劳动和社会保障部**预计**，“十五”期间，中国新增长的劳动力数量将升至最高点，加上现有的**下岗**失业人员，每年城镇需要安排的就业人数将达到 2 300 万人左右。同时，农村还有 1.5 亿**富余**劳动力需要**转移**。就业，**面临**来自城乡的双重压力。

再就业人数上升。来自有关部门的**数据显示**，1998 年，中国国有企业新增下岗员工 739 万人，1999 年新增 781 万人，2000 年新增 512 万人，仅这 3 年的国企下岗职工就超过 2 000 万人，今后还将不可避免地增加，构成**庞大**的再就业需求。

而再就业率却在下降。目前已从 1998 年的 50%降至 2001 年的 30%，2002 年上半年仅为 9.1%。再就业率的下降又**导致**再就业困难群体的增多。

下岗失业现象将继续出现。现在和今后一个时期，国有企业改革仍然是整个经济体制改革的中心**环节**，仍**处于攻坚**阶段，必然会遇到企业富余人员过多和下岗失业人员再就业的问题。此外，中国加入世界贸易组织后，农业、汽车工业、金融服务、医药制造等一些行业将会受到**冲击**，其就业状况也将不可避免地受到影响。

城镇新增劳动力就业、农民进城打工和下岗失业人员再就业“三碰头”的局面，使就业和再就业成为我们面临的重大经济和社会问题。

尽管就业和再就业工作难度不小，但我们面临的有利条件仍然比较**充分**，有着巨大的就业空间。

从**大局**看，中国经济正处于高速成长阶段，按照“十五”规划每年7%的经济增长速度，可实现发展经济与扩大就业的**良性互动**，“十五”期间，高速前行的经济列车将能“**搭载**”4 000万人就业。

从所有制结构上看，私营、个体经济是增加就业的一个重要**途径**。“九五”时期，私营、个体经济**从业**人员增加约3 000万人，占城镇就业增加量的四分之三，成为中国就业的主要增长点。我国的非公有制经济方兴未艾，还有很大的就业空间。

从产业结构上看，第三产业是扩大就业的主要出路，社区服务是再就业的主要**领域**。“九五”期间，第三产业从业人员增加3 532万人，2001年在社区实现再就业的下岗失业人员占再就业总人数的33%。目前，中国的第三产业、社区服务业与发达国家，甚至与发展中国家相比，**差距**还很大，有很大的就业**潜力**。从统计数字看，20世纪90年代，中国第二产业增加值每增长一个百分点，平均增加就业岗位17万个，而第三产业增加值每增长一个百分点，平均增加就业**岗位**85万个。有调查表明，目前中国城市中，至少有1 500万个社区就业岗位可以开发。

从企业结构上看，中小企业是再就业的主要**载体**。目前，中国的中小企业已超过800万家，占全国企业总数的99%，我国新增就业岗位的80%左右来自中小企业。在发达国家，90%的就业岗位是中小企业提供的。为了改善中小企业的发展环境，中国已经制定《中华人民共和国中小企业促进法》；中国人民银行也表示，欢迎民间资本和外资**入股**中小商业银行，以解决中小企业**融资**难的问题。只要抓住这些机遇，**促进**中小企业的快速发展，就能为再就业打开一条新的路子。

4年来，国有企业下岗职工基本生活保障制度、失业保险制度和城市居民最低生活保障制度这三条社会保障线**衔接日渐**紧密，2 550万国企下岗职工和3 100多万企业离退休人员，绝大多数都能按时领到基本生活费和基本**养老金**；1 170万人领到最低生活保障金115.5亿元。社会保障解决了下岗失业人员生活困难的问题，为各地推进再就业工作创造了条件。

可以看到，从大局到各个环节，中国再就业工作的有利条件不少。只要抓住机遇，充分利用这些有利条件，采取措施，就一定能够打开再就业工作的新局面。

“劳动者**自主**就业、市场**调节**就业、政府促进就业”是中国**一贯**坚持的就业方针。在社会主义市场经济条件下，必须充分发挥市场**机制**在就业和再就业中的基础性作用，坚持主要通过市场调节劳动力供求，引导劳动者自主就业。同时，必须重视政府在促进再就业中的重要作用。各级政府都要认识到就业和再就业工作的长期性、艰巨性和复杂性。要热情为下岗失业人员**排忧解难**，保证再就业各项政策措施**落实**到他们身上。特别是要为企业**招用**下岗人员提供优惠政策，并积极鼓励下岗失业人员**自谋职业**和自主**创业**。

作为下岗失业人员的“**源头**”，国有企业也应**尽量**减少下岗失业人员。有条件的企业应积极**挖掘**内部潜力，发展多种经营，通过多种途径**安置**富余人员，不能简单地将富余人员推向社会，从源头上减少下岗失业人员的数量。

中国**地域**广阔，地区与地区之间**差异**巨大，在扩大再就业时一定要结合本地区经济社会发展的需要和下岗失业人员的特点，有组织地开发一批适合下岗失业人员的就业岗位。

再就业是一个巨大的系统工程，只要全社会共同参与，把政策和资金落实**到位**，就一定能够让更多的下岗失业人员走上新的工作岗位，**安居乐业**。

【注释】

一、随着产业结构的调整

“随着”，介词，组成介词结构在句中作状语，表示条件，指出在这种条件下，产生了某种结果。多用在句子开头。

例如：

(1) 随着汉语水平的提高，她已经能读中文的专业书了。

(2) 随着经济的发展，一些国家的环境污染问题越来越严重。

(3) 随着讨论的进行，大家对这个问题的看法逐渐深入。

(4) 随着时代的发展，越来越多的女性走出家庭，在社会上找到了自己的位置。

二、“十五”期间

“十五”是指中华人民共和国国民经济和社会发展的第十个五年计划，时间是从2001年到2005年。1952年12月，中国开始实施国民经济和社会发展的第一个五年计划（1953年到1957年）。五年计划是中国国民经济计划的一部分，主要是对全国重大建设项目、生产力分布和国民经济重要比例关系等作出规划，为国民经济发展远景规定目标和方向。

三、就业，面临来自城乡的双重压力

“面临”，近义词是“面对”。两个词都是动词，都有对着、面前遇到（问题、形势等）的意思。“面对”和“面临”有时可以互换，但语义侧重点和用法不同。区别如下：

1. “面临”和“面对”都有对着的意思。“面临”有在旁边靠近、挨着的意思，只能用于书面语当中，主语和宾语都只能是事物，不能是人；“面对”侧重指正面、直接地对着，主语和宾语可以是人，也可以是事物。
2. “面临”和“面对”都有面前遇到（问题、形势等）的意思，宾语都多为抽象名词，并且常常是困难、危险、竞争等紧急的或很难应付的局面。“面临”强调趋势，有事情即将发生、就要出现的意思；“面对”强调方位，有事情已经出现、就在面前的意思。

例如：

（1）由于经营不善，这家企业面临着倒闭的危险。

（2）经济发展水平同超前老化所造成的尖锐矛盾，给中国解决老龄问题带来比别的国家更大的难度。然而，不论面临如何严峻的挑战，中国都须面对这一大问题。

（3）面对着黑压压的观众，小演员有些紧张。

四、构成庞大的再就业需求/有着巨大的就业空间

"庞大"、"巨大"都是形容词，意思相近，都有"很大"的意思。区别如下：

1. "庞大"指形体、组织或数量等很大，常与"数目、建筑、队伍、机构、开支、经费"等搭配，形容机构、开支等过大时常含有贬义；"巨大"指规模数量等很大，常和"成就、变化、困难、压力、热情、财富、幸福、痛苦、力量、代价、幸福"等搭配。
2. "庞大"除了作定语、主语之外，还可以作补语；"巨大"多在句中作定语，有时也可以作主语。

例如：

(1) 这个庞大的建筑物挡在路中间，给车辆和行人造成了麻烦。

(2) 机构搞得太庞大，不利于提高办事效率。

(3) 面对着越来越激烈的竞争，他感到巨大的压力。

(4) 这幅画的面积近100平方米，画幅的巨大，恐怕在世界上也是少有的。

五、国有企业改革仍然是整个经济体制改革的中心环节

"国有企业"，可简称为"国企"，指中国的社会主义全民所有制企业，是国家占有并控制全部或大部分财产的企业。原来由国家直接经营管理，称为国营企业。在经济体制改革中，所有权和经营权开始分离，国家原则上不参与直接经营，改称国有企业。

"经济体制"，整个国民的管理制度、管理形式、管理方法的总称。

六、我们面临的有利条件仍然比较充分

"充分"，近义词是"充足"。两个词都是形容词，都有"足够"的意思，在句中都可以作定语、谓语、补语。区别如下：

1. "充分"一般用于抽象的事物，如"信心、理由、准备"等；"充足"既可以用于抽象事物，如"理由"，也可以用于比较具体的事物，如"资金、经费、光线、水分"等。

▶ 例如：

(1) 我们有充分的信心完成这个任务。

(2) 你的理由不充分/充足，经理不会让你休假的。

(3) 只要有了充足的经费，这个项目马上开工。

2. "充分"还有"达到最大限度"的意思。作状语、补语。

▶ 例如：

(4) 我们应该充分利用现有的条件，发展蔬菜种植业。

(5) 在安排下岗职工就业的工作中，市场机制的作用发挥得很充分。

七、私营、个体经济是增加就业的一个重要途径

"私营经济"是企业生产资料归私人所有、存在雇佣（用货币购买劳动力）劳动关系的一种经济形式。

"个体经济"是以生产资料私有制和个体劳动为基础的一种经济形式。个体劳动者及其家庭成员，使用自己的生产资料独立进行生产经营活动，劳动者个人或一家一户就是一个生产和经营主体。

私营经济与个体经济的区别是私营经济存在雇佣劳动关系。

八、以解决中小企业融资难的问题

"以"，连词，表示目的，相当于"为了"、"为的是"。连接两个分句，用于后一小句的开头，后面跟动词。多用于书面语。

▶ 例如：

(1) 我们要开展全民健身运动，以提高人民的健康水平。

(2) 我希望有更多的人关心市场经济与人口研究，以推动这方面工作的开展。

(3) 工厂决定建一座食堂，以解决工人用餐难的问题。

(4) 必须充分发挥市场机制的作用，以安排更多的下岗失业人员就业。

九、国有企业下岗职工基本生活保障制度、失业保险制度和城市居民最低生活保障制度这三条社会保障线衔接日渐紧密

“日渐”，副词，一天一天慢慢地。在句中作状语，修饰动词、形容词。在意义和用法上与“日益”、“日趋”相近，但强调这一过程是慢慢进行的，多用于书面语。

例如：

（1）房地产市场开放以来，这一行业的竞争日渐激烈。

（2）消费者的消费观念和消费行为受广告的影响日渐明显。

（3）自从新的管理办法实施以来，生产效率日渐提高。

（4）中国现有耕地面积 94 975.12 千公顷，人均耕地 0.08 公顷，这个数字仍有日渐下降的趋势。

十、2 550 万国企下岗职工和 3 100 多万企业离退休人员，绝大多数都能按时领到基本生活费和基本养老金

“离退休”，即离休和退休。离休指离职休养，原是安置丧失工作能力的老干部的一种方法，现已成为安置所有老干部的一项制度。退休是指除老干部以外的职工因年老或因公残废而离开工作岗位，按期领取生活费用，数额按工龄长短折成工资比例来确定。

十一、“劳动者自主就业、市场调节就业、政府促进就业”是中国一贯坚持的就业方针

“一贯”，在这句话中是副词，表示行为或情况从过去到现在保持不变。作状语，修饰动词、形容词。不带“地”。

例如：

（1）本公司一贯坚持客户至上的原则，把客户的利益放在首位。

（2）厂领导一贯关心职工的安危冷暖，深受群众爱戴。

"一贯"还可以作形容词，意思是（思想、作风、政策等）始终是这样，从未改变。在句中作定语。可以加"的"，也可以省略。

例如：

（3）通过和平方式解决国与国之间存在的问题和争议是我国政府一贯的主张。

（4）尊重少数民族的风俗习惯是我们的一贯政策。

十二、在社会主义市场经济条件下，必须充分发挥市场机制在就业和再就业中的基础性作用

"市场机制"，是指社会经济活动的各个组成部分经由市场而建立起来的内在的有机联系，它是通过市场供求的变化引起价格波动而自动调节生产、流通、分配、消费的内在功能。市场机制是一般商品经济都具有的。同计划机制相比，市场机制具有自发性、分散性和间接性的特点。

十三、国有企业也应尽量减少下岗失业人员

"尽量"，副词，表示力求在一定范围内达到最大限度，意思相当于"尽可能"。作状语，后面跟动词、形容词。

例如：

（1）你刚学会开车，尽量慢点儿开。

（2）时间不够了，你的发言尽量短一些。

（3）顾客的要求，我们应该尽量满足。

（4）老板叫我们尽量多提意见，以改善公司的经营状况。

十四、通过多种途径安置富余人员

"安置"，近义词是"安排"。两个词都是动词，都表示使人或事物有着落。区别如下：

1. "安置"表示使工作、生活等有适当的位置，也有使东西放好不动的意思；"安排"还表示要分清主次，有条理地处理好人或事（多指工作方面的）。

2. "安排"还可以引申为规划、改造的意思。

例如：

（1）他们用最快的速度安置好了灾民。

（2）我们必须在天黑以前安置完这批货物。

（3）王经理把这段时间的工作安排好，才放心地到外地出差了。

（4）领导安排他到国外进修一年。

（5）农民们用自己的双手重新安排家乡的山河。

【练习】

一、根据课文选择正确答案。

1. 中国就业压力大，原因是________。

① 新增加的劳动力很多

② 下岗失业人员增加

③ 再就业人数减少

④ 很多农民进城打工

⑤ 再就业率下降

A. ①②③④　　B. ②③④⑤　　C. ①③④⑤　　D. ①②④⑤

2. 中国经济体制改革的中心环节是________。

A. 就业问题　　B. 中小企业融资问题

C. 国企改革　　D. 非公有制经济发展

3. 解决中国就业问题的有利条件是________。

① 经济增长速度快

② 中小企业还有就业空间

③ 社会保障制度日益完善

④ 私营个体经济还有就业潜力

⑤ 第三产业、社区服务很发达

A. ①②③④　　B. ②③④⑤　　C. ①③④⑤　　D. ①②④⑤

4. 文中提到政府在就业方面应作的工作有________。

① 调节劳动力的供求关系

② 确保政策的落实

③ 为企业招用下岗人员提供优惠

④ 鼓励下岗失业人员自谋职业

A. ①②④　　B. ②③④　　C. ①③④　　D. ①②③

5. 下面哪一点不是本文的观点________。

A. 加入 WTO 会给就业带来压力　　B. 下岗失业人员主要来自国有企业

C. 解决就业问题应注意地区差异　　D. 劳动力供大于求问题很快会解决

二、根据课文解释下面句子中画线部分的意思。

1. 国有企业改革仍然是整个经济体制改革的中心环节，仍处于攻坚阶段。
2. 城镇新增劳动力就业、农民进城打工和下岗失业人员再就业“三碰头”的局面，使就业和再就业成为我们面临的重大经济和社会问题。
3. 尽管就业和再就业工作难度不小，但我们面临的有利条件仍然比较充分，有着巨大的就业空间。
4. “十五”期间，高速前行的经济列车将能“搭载”4 000 万人就业。
5. 中国人民银行也表示，欢迎民间资本和外资入股中小商业银行，以解决中小企业融资难的问题。
6. 只要抓住这些机遇，促进中小企业的快速发展，就能为再就业打开一条新的路子。
7. 国有企业下岗职工基本生活保障制度、失业保险制度和城市居民最低生活保障制度这三条社会保障线衔接日渐紧密。
8. 要热情为下岗失业人员排忧解难，保证再就业各项政策措施落实到他们身上。
9. 积极鼓励下岗失业人员自谋职业和自主创业。
10. 作为下岗失业人员的“源头”，国有企业也应尽量减少下岗失业人员。

三、给下列句子中画线的部分选择合适的义项。

突出

A. 动词，鼓出来

B. 形容词，超过一般，明显

C. 动词，使超过一般

(　　) 1. 在这次 HSK 考试中，她的成绩很突出。

(　　) 2. 在工作中，我们应该突出重点。

(　　) 3. 应该把精神文明建设放到更加突出的位置。

(　　) 4. 有一块石头突出了地面，你可要小心点儿。

紧密

A. 形容词，十分密切，不可分隔

B. 形容词，多而连续不断

(　　) 1. 河边传来一阵紧密的枪声。

(　　) 2. 员工们紧密地团结在一起，通力合作，终于克服了这一难题。

(　　) 3. 紧密的雨点落在行人的头上、衣服上。

(　　) 4. 这两部分内容结合得非常紧密，应该放在一起讲。

压力

A. 名词，物体所承受的与表面垂直的作用力

B. 名词，负担

(　　) 1. 随着私人汽车的增加，城市交通压力越来越大。

(　　) 2. 这台机器能承受 500 公斤的压力。

(　　) 3. 他们夫妻俩都下岗了，家里经济压力很大。

(　　) 4. 为了减轻学生的压力，老师每天留的作业不要太多。

保障

A. 动词，保护（生命、财产、权利等），使不受破坏

B. 名词，起保障作用的事物

（　　）1. 完善的法律制度，是经济建设顺利进行的保障。

（　　）2. 惩罚犯罪分子，是为了保障人民的生命、财产安全。

（　　）3. 政府及时运送了大批物资，保障了灾区人民的需要。

（　　）4. 政府应该为下岗失业人员提供必要的生活保障。

四、选词填空。

潜力	避免	落实	预计	方兴未艾
调整	促进	到位	挖掘	安居乐业

1. 目前，这个项目的资金已经________。
2. 我们要根据市场经济的要求，________经济结构。
3. 由于战争，这一地区的人民无法________。
4. 亚太各国应继续开发和利用自身的经济________，进一步加强区域经济合作。
5. 为了________影响别人休息，你最好把录音机关掉。
6. 我们要认真________公司的各项工作。
7. 他希望进一步________两国间经贸合作的发展潜力。
8. 目前，信息技术产业正处于________的发展阶段。
9. 中国今年易货贸易进出口总值为29.1亿美元，下降26.5%，________明年易货贸易将进一步下降。
10. 这个组织________了不同国家之间的经贸合作。

五、辨析下列近义词并选词填空。

面临—面对　　充分—充足　　巨大—庞大

差异—差距　　安排—安置

1. 为了________利用水利资源，他们在那里修建了一座水电站。
2. 在成绩面前，我们要找出________和不足。
3. 有了________的水分，植物才能生长。
4. 中国地域辽阔，南北气候________很大。
5. 在激烈的国际商用卫星发射市场，中国航天业________着严峻的考验。
6. 这笔________的开支，成为企业沉重的负担。
7. 他用最快的速度把行李________好，就来办公室报到了。
8. 我们考虑问题要________现实，不要抱太多的幻想。
9. 改革开放以来，中国社会政治经济形势发生了________而深刻的变化。
10. 这个节目________在下周日播出。

六、用指定的词语完成句子。

1. ________________，人们对环境保护问题越来越重视。（随着）
2. ____________________，他还是对自己的成绩不满意。（尽管）
3. 对待工作，________________。（一贯）
4. 我们要建立完善的责任制度，________________。（以）
5. 你有什么困难就告诉我们，________________。（尽量）
6. 公司派人来，________________。（提供）
7. 生产成本的上升，________________。（导致）
8. 这项工程目前________________。（处于）
9. 已经十月份了，________________。（仍然）
10. 由于经济的发展，________________。（日渐）

七、按照适当顺序排列下面句子。

1. A. 即发展经济和促进就业

   B. 在失业率上升阶段

   C. 并为此提供一个好的社会环境

   D. 政府最主要的任务有两个

   ____

2. A. 在城市下岗人员增多的情况下

   B. 中国农村大约有 1.5 亿富余劳动力

   C. 这部分人寻找工作岗位将更加困难

   D. 目前进城打工的已有八千多万人

   ____

3. A. 这一矛盾可能更加突出

   B. 然而在近年来的中国经济中

   C. 在世界许多国家中

   D. 都存在着效率与就业的矛盾

   ____

4. A. 现在和今后一段时期

   B. 仍处于攻坚阶段

   C. 国有企业仍然是整个经济体制改革的中心环节

   D. 必然会遇到企业富余人员过多和下岗失业人员再就业的问题

   ____

5. A. 只要全社会共同参与

   B. 就一定能够让更多的下岗失业人员走上新的工作岗位

   C. 把政策和资金落实到位

   D. 再就业是一个巨大的系统工程

   ____

6. A. 一些发展中国家也已达到了 50%

   B. 而一些发达国家的第三产业从业人员已达到 70%以上

C. 中国第三产业发展不充分

D. 目前从业人员仅占全国从业人员的27.7%

八、综合填空。

失业不是一个能用简单的方法解决的问题。__1__形式不同，程度不同，各国政府却都__2__就业问题。如何创造更多的工作岗位，成为现代社会的一大难题。

中国是世界上人口最多的国家，而且至少在未来10年，中国的人口还将保持增长的趋势，因此劳动力供大于求的矛盾将长期存在，就业压力__3__。随着经济结构__4__的深入和企业改革的深化，劳动力供求矛盾将更加__5__。国有企业，主要是中西部地区、老工业基地和独立工矿区，军工、煤炭、冶金等行业，下岗人员增多，再就业的任务非常__6__。

1. A. 只要	B. 但是	C. 尽管	D. 不管
2. A. 面临	B. 导致	C. 促进	D. 解决
3. A. 庞大	B. 过大	C. 巨大	D. 扩大
4. A. 改革	B. 调节	C. 调整	D. 整理
5. A. 厉害	B. 充分	C. 充足	D. 突出
6. A. 繁重	B. 重大	C. 严重	D. 重要

九、根据以下提示写一篇小文章（300字以上）。

1. 你们国家有没有劳动力供求的矛盾？
2. 年轻人就业有什么困难？
3. 你想选择什么样的职业？为什么？

【副课文】

特别的爱给特别的你

——北京市下岗再就业工作纪实

就业难，下岗职工再就业更难！然而，近几年，北京市在千方百计破解这道历史性难题时取得了可喜的成绩，有力地维护了首都改革、发展、稳定的大局。

特别的关怀给特困人群

家住北京市朝阳区红庙北里社区的残疾人王正选近日成为新闻人物：他在领取两年低保金后，向政府提出书面申请，要求退掉低保，重新过自食其力的生活。这是北京首位主动提出退保的低保户。

1998年，王正选下岗回家，同年妻子又不幸去世，女儿还在上学。街道办事处知道他的困难后，让他办理了低保申请，从此，王正选开始领取低保金。

如今，王正选靠开小卖部过上了自力更生的生活，但党和政府并没有放弃自己的责任和义务，依然满腔热情地对类似王正选的特困群体给予特别的关怀。

近几年，根据中央精神，北京市逐步建立和完善了下岗职工基本生活保障制度、失业保险制度和城市居民最低生活保障制度相互衔接、相互补充的三道保障线，“两个确保”更作为重中之重，不断得到巩固。

北京市通过多种渠道筹集下岗职工基本生活保障资金，保证下岗职工按时足额领到基本生活费，并为他们按时足额代缴了社会保险。通过加大资金筹集

力度，疏通发放渠道，发放基本养老保险金，为困难企业借支养老保险金，使离退休人员按时足额领到了基本养老金。通过扩大失业保险覆盖范围，逐步形成了覆盖全市企事业单位和劳动者的失业保险制度。通过不断完善城市最低生活保障制度，对城市低收入居民的基本生活做到了“应保尽保”。

惟有就业活水来

生存是为了发展，发展了才能更好地生存。王正选这样做了，家住宣武区天桥街道先农坛社区的残疾夫妇夏建丽、董会民也勇敢地走出来了。两人原在一家皮件厂当工人，下岗失业后居委会为他们申请了最低生活保证金，可他俩不愿躺在家里吃低保，居委会几经周折为夏建丽找到一份家政小时工的工作，又为董会民联系到一份当看楼员的工作。他们说：“现在虽然比以前累多了，但心里很踏实。”

这几年，北京市在确保困难群体基本生活的基础上，采取多种措施，坚持推行积极的就业政策。在发展第三产业、非公企业，特别是社区服务业等方面积极拓展就业空间。

从2001年到2003年，北京市决定每年开发社区就业岗位10万个，吸纳下岗职工从事保洁、保安、保姆以及车辆看管、再生资源回收等工作。在政策扶持方面，北京市分别制定了劳务派遣、自谋职业、社区弹性就业、安置补助等政策，同时加大资金投入。2003年初，仅北京市西城区就设立了2 000万元的“政府促进再就业资金”，用于免费培训和奖励下岗职工。

对那些40岁以上、又无特长、家庭收入低、本人就业能力弱的下岗职工，由社区公益性就业组织实行“托底”。市财政、区县财政、服务项目收费各拿三分之一，解决每人每年1.4万元的费用。目前，全市建立社区公益性就业组织122个，安置特困人员4 047名。

对于年纪不太大，但在劳动力市场竞争中能力较弱的人，主要通过劳务派遣企业安排就业，仅去年就安排了三万多下岗职工。而更多的人主要通过劳务中介机构从事小时工、换煤气、送水等“弹性就业”，去年有六万多人通过这种方式实现了再就业。

社保所——再扬风帆的港湾

“我衷心感谢街道办事处的领导和社保所的同志，是你们多次热情的指导和帮助，鼓起了我重新走上新的工作岗位的勇气。”这是宣武区广内街道大龄失业人员夏春生写的感谢信。

自2001年4月起，在北京市各街道普遍设立的社会保障事务所成为下岗职工心目中“温暖与希望”的代名词。记者近日来到西城区丰盛街道办事处的社保所，小院虽有些破旧却是生机盎然，各科室工作人员紧张忙碌，许多下岗职工愁眉苦脸进去，不多会儿便喜笑颜开地出来了。

社保所的前身是街道劳动科和劳动服务公司，人手也从原来的8个增加到12个。主要负责城市低保人员的认定、开展职业介绍、职业指导、社区就业服务、失业人员动态管理、发放失业保险金和低保资金、开展退休人员管理服务等多项工作。

据了解，北京市2000年提出加快建立市场导向就业机制的要求，确定了下岗职工基本生活保障制度向失业保险制度“并轨”的工作目标。从2001年开始，企业新产生的富余人员不再进入再就业服务中心，直接进入社会，通过劳动力市场竞争实现再就业。

近几年来北京市建立的1 067个再就业服务中心，如今已撤减到434个。为适应新形势，解决街道就业服务机构人手少、工作压力大的矛盾，北京市决定在各街道建立综合性的、全额拨款的事业单位——社会保障事务所，使社会保障事业向社区延伸，向居民提供便捷的社会保障事务服务也有了组织保证。

麻雀虽小，五脏俱全。街道社保所如同设在下岗职工家门口的“小政府”，牵挂着他们的冷暖，抚慰着他们的心灵。到目前为止，北京市已有221个街道（乡镇）成立了综合性的社会保障事务所，覆盖面积达90%以上，形成了市、区县、街道三级就业服务网络。这不仅消除了下岗职工对就业、医疗、养老和生活困难“无人管”的担心，而且能使他们心绪平稳地进入社会，重新“武装”后再扬希望的风帆。

第三课 高速发展的中国保险业

中国最早出现的保险公司，是1805年英国人开办的“广州保险会社”。中国人自己最早开办的保险公司，是1865年成立的“上海义和保险行”。建国初，国内共有保险公司一百多家。但1958年后，保险业陷入停顿状态。1980年，中国人民保险公司恢复国内业务。20世纪90年代以后，中国保险业改革加快。目前，国内已有包括合资和外资公司在内的54家保险公司，对于促进改革、稳定社会、造福人民发挥了重要作用。

【生词】

1 **决策** juécè（名）决定的策略或办法。

2 **伴随** bànsuí（动）跟着，陪着。

3 **造福** zàofú（动）给人带来幸福。

4 **辉煌** huīhuáng（形）brilliant　光辉灿烂。

5 **保费** bǎofèi（名）insurance premium　即保险费，投保人或被保险人为取得保障而交付给保险人的费用。

6 **同期** tóngqī（名）同一时期。

7 **趋势** qūshì（名）事物发展的动向。

8 **顺利** shùnlì（形）在事情的发展或工作中没有或很少遇到困难。

9 **应对** yìngduì（动）cope with　应付，对付，处理。

10 **预测** yùcè（动）根据已经知道的事情来想像将来的事情。

11 **意外** yìwài（形）unexpected　没有想到的。

12 **比重** bǐzhòng（名）proportion　一种事物在整体中所占的分量。

13 **届时** jièshí（副）到时候。

14 **接近** jiējìn（动）be close to；approach　向一定目标运动，使相互间距离变小。

15 **截至** jiézhì（动）up to；by (a specified time)　截止到（某个时候）。

16 **实力** shílì（名）实在的力量（多指军事或经济方面）。

17 **不断** bùduàn（副）连续不间断地。

18 **深入** shēnrù（动）透过外部，达到事物内部或中心。

19 **逐步** zhúbù（副）一步一步地。

20 **若干** ruògān（数）several　指不定量。

21 **估算** gūsuàn（动）estimate　大致推算。

22 **行列** hángliè（名）rank　人或物排成的直行和横行的总称。

23 **赔款** péikuǎn（名）赔偿别人或集体受损失的钱。

24 **承担** chéngdān（动）担负（责任、义务等）。

25 **标志** biāozhì（动）表明某种特征。

26 **覆盖面** fùgàimiàn（名）涉及或影响到的范围。

27 **普及** pǔjí（动）popularize　普遍推广，使大众化。

28 **监管** jiānguǎn（动）监督管理。

29 **自律** zìlǜ（动）self-discipline　自己限制约束自己。

30 **健全** jiànquán（形）完善，没有欠缺。

31 **肩负** jiānfù（动）担负。

32 **难得** nándé（形）不容易得到或办到。

33 **变革** biàngé（名）改变事物的本质。

34 **时机** shíjī（名）具有时间性的客观条件（多指有利的）。

35 **激烈** jīliè（形）（of movement，language）intense（动作、言论等）剧烈。

36 **挑战** tiǎozhàn（动）鼓动对方跟自己竞赛。

37 **障碍** zhàng'ài（名）阻挡前进的东西。

38 **迈** mài（动）提脚向前走。

39 **剧烈** jùliè（形）violent　迅速而猛烈。

40 **妥善** tuǒshàn（形）appropriate　稳妥、完善。

41 **独资** dúzī（名）指由一个人或一方单独拿出资金（办企业）。

42 **拓展** tuòzhǎn（动）extend 开拓，扩展。

43 **探索** tànsuǒ（动）explore 多方面寻找答案，解决疑问。

【专有名词】

1. **中国人寿保险公司** Zhōngguó rén shòu Bǎoxiǎn Gōngsī 中国一家保险公司名称。
2. **日本生命保险公司** Rìběn Shēngmìng Bǎoxiǎn Gōngsī 日本一家保险公司名称。

【课文】

全面建设小康社会的目标，是中国社会经济、政治、文化全面发展的伟大目标，这项重大的历史性**决策**对中国保险业的发展有着重要的意义。**伴随**着改革开放发展起来的中国保险业，对于促进改革、稳定社会、**造福**人民发挥了重要的作用。同样，在中国全面建设小康社会的过程中，保险业也将取得更加**辉煌**的成就。

保险业务继续保持快速发展趋势

1980 年，中国保险业**保费**收入仅为 4.6 亿元，到 2001 年增加到 2 109.4 亿元，年均增长率超过 30%，明显超过了**同期** GDP (国内生产总值) 的增长速度，显示出中国保险市场的巨大发展潜力和保险业快速发展的**趋势**。随着全面建设小康社会的**顺利**进行，各行业和人民群众**应对**各种风险的保险需求进一步扩大，中国保险业将继续保持快速发展的趋势。据**预测**，如无**意外**情况，中国保险业将以高于 GDP 年均增长率两倍的速度增长，到 2020 年中国保费总收入将达到近三万亿元，占当年 GDP 的**比重**可以从目前的 2.2%提高到 8%以上。这相当于

2000年亚洲23个国家（或地区）排名的第3位，欧洲32个国家排名的第8位，美国保费收入的42%，日本保费收入的90%，**届时**，中国保险业的总体状况将**接近**和达到中等发达国家水平。按照这样的发展速度预测，到2020年中国寿险保费总收入将超过2万亿元，相当于2000年亚洲23个国家（或地区）排名的第2位，欧洲32个国家排名的第1位，美国保费收入的55%，日本保费收入的60%，届时，中国将成为世界上寿险业发展最快的地区。其中，中国人寿保险公司的保费总收入将超过1万亿元，相当于2001年“世界500强”中营业收入排名第10位的大公司水平，将成为世界上业务增长速度最快的大型保险公司之一。

保险公司整体经济实力不断增强

截至2001年，中国保险业资产总额为4 591亿元，年均增长率接近32%。责任准备金达到4 076.9亿元，资金运用余额达到3 702.8亿元，共实现利润50.7亿元，保险业的整体经济**实力**有了较大提高。随着改革开放的**不断深入**，中国保险市场上保险公司的总数将会由目前的54家**逐步**增加到100家左右，**若干**家大型保险集团将逐步形成，公司经济实力将持续增强。**据估算**，2020年中国保险业总资产将超过6万亿元，是2001年的130多倍，相当于2001年全球保险业总资产的52%，接近美、日、英、德、法五国保险业总资产的70%。届时，中资保险公司的总体经济实力将接近发达国家保险业的水平，中国人寿保险公司的总资产将达到3万亿元左右，是2001年的135倍多，将超过2001年“世界500强”中资产总量排名第36位、保险资产排名第4位的日本生命保险公司，将跻身于世界大型保险公司**行列**。

社会保障的服务能力明显提高

改革开放以来，中国保险业为社会提供了从各类财产到人的生命或身体等多方面的风险保障，为各类灾害、事故支付**赔款**和保险金高达3 980亿元。仅

2001年中国保险业就**承担**了超过12万亿元的各类风险责任。1980年中国保险深度仅为0.1%，保险密度仅为0.47元，2001年提高到2.2%和168.8元。虽然在亚洲国家中仍属于较低水平，但是**标志**着参加商业保险的人群逐步扩大。全面建设小康社会对保险业的发展将会形成巨大的推动力，使商业保险的社会**覆盖面**不断扩大。据预测，到2020年中国的保险深度将提高到7.8%，保险密度将增加到2 060元左右。这两项指标相当于2000年亚洲23个国家（或地区）排名的第3位和第9位，欧洲32个国家排名的第9位和第19位。届时，中国各种保险产品将更加丰富，服务能力将进一步增强，参与保险人群将更加**普及**，对保险业的**监管**将更加完善，保险行业**自律**组织的作用将日益增强，现代保险市场体系将进一步**健全**，保险业将成为全面小康社会中社会保障制度的一个重要组成部分。

保险业在全面建设小康社会中**肩负**着重大责任。中国加入世界贸易组织后的全面对外开放，给保险业提供了**难得**的发展机遇。特别是全球保险业面临的重大调整和**变革**，更成为中国保险业迅速提高国际竞争力的有利**时机**。我们必须找出差距，加快保险业的发展。在全面建设小康社会、推进社会主义现代化的历史阶段，我们既要看到保险业发展中存在着大量的机遇，也要看到发展中将面临的各种困难，以及市场**激烈**竞争带来的**挑战**和各种风险给保险业发展带来的**障碍**。国际上认为，人均GDP从1 000美元向5 000美元**迈**进的时期，往往是产业结构**剧烈**变化、利益矛盾不断增加的时期。这就要求保险业要**妥善**处理好各方面的利益关系，用发展的办法解决前进中的问题，实现速度和结构、质量和效益的统一；要树立市场观念，大力推动国有**独资**保险公司的股份制改造，全面**拓展**保险业务，努力提高竞争能力；要树立创新观念，按照国际规则和国外先进经验不断调整经营方式，积极**探索**适合中国国情的发展道路；要树立服务观念，不断满足人民群众的保险需求，全面提高服务水平，有效推进我国保险业的发展。

【注释】

一、将取得更加辉煌的成就

“成就”，在本句中是名词，指事业上的成绩。其近义词是“成绩”，也是名词。两者区别如下：

1. “成绩”是个中性词，可以用于事业等比较大的方面，也可以用于一般的学习、工作或运动方面；“成就”是褒义词，只能用于意义重大的事情。
2. “成绩”在句中可以作定语。
3. “成就”还可以作动词，意思是完成（某种事业），后面一定跟名词宾语，宾语一般都是与事业有关的名词，不能与“理想”搭配。

例如：

（1）几位医学家所取得的成就，对于人类的健康有着重大意义。

（2）改革开放以来，我国经济和社会发展取得了巨大成就。

（3）在人类历史上成就伟大事业的，往往是那些身处逆境自强不息的人。

（4）在这次运动会上，我系运动员的成绩不理想。

（5）他这次考试得了满分，成绩的取得跟他平时的努力是分不开的。

二、明显超过了同期 GDP（国内生产总值）的增长速度

“GDP”，即“国内生产总值”，英文 gross domestic product 的缩写，指一定时期内（通常为一年）在一国的国土范围内的本国居民和外国居民投资企业的产品和提供的劳务总量。

在汉语中有大量外来词，按照吸收方式的不同，可以分为音译（如咖啡、克隆、麦克风等）、意译加音译（如俱乐部、华尔街、冰淇淋、高尔夫球等）、借形（即部分直接借用外语文字形式，如 T 恤、IP 电话、卡拉 OK 等）几种类型。近几年，汉语中还出现了像 GDP 这类完全直接借用外语文字形式的词汇。

例如：

APEC　Asia Pacific Economic Cooperation 亚太经济合作组织

CBD　central business district 中央商务区

CD　compact disc 激光唱盘

CEO　chief executive officer 首席执行官

DIY　do it yourself 自己动手做

DVD　digital video disc 数字激光视盘

E-mail　electronic mail 电子邮件

EQ　emotional quotient 情商

GNP　gross national product 国民生产总值

GRE　graduate record examination in the USA and some other countries 美国等国家研究生入学资格考试

IQ　intelligence quotient 智商

KTV　K: karaoke；TV: television 配有卡拉 OK 和电视设备的包房

MBA　Master of Business Administration 工商管理硕士

MTV　music television 音乐电视

PC　personal computer 个人电子计算机

SOHO　small office home office 小型家居办公室

UFO　unidentified flying object 不明飞行物

WHO　World Health Organization 世界卫生组织

WTO　World Trade Organization 世界贸易组织

三、中国保险业将以高于 GDP 年均增长率两倍的速度增长

这里的“以”是介词，表示动作、行为的方式，相当于“按”、“按照”。

例如：

（1）列车以每小时 200 公里的速度行驶。

（2）我们要以国际一流的标准要求我们的产品。

（3）以平均每天 10 元计算，每个职工一个月上下班的交通费大概要三百元

左右。

（4）以小明现在的学习情况，考上名牌大学是没有问题的。

四、到 2020 年中国保费总收入将达到近 3 万亿元

"达到"，近义词是"到达"，两者都有到的意思。区别如下：

1. 词性不同，"达到"是动补结构；"到达"是动词。
2. 在句中都作谓语。"达到"中间可插入"得"、"不"，表示可能；"到达"中间则不能插入其他成分。
3. "达到"侧重指到了某个目标或某种程度，宾语常为"目的、水平、程度、标准、要求、理想"等抽象名词及数量词，也可以带小句；"到达"侧重指到了某一地点或某一阶段，宾语多为"学校、机场、目的地"等表示处所的名词或"共产主义、理想境界"等表示某一阶段的名词。

例如：

（1）只要努力，这样的标准完全达得到。

（2）所谓小康水平，是指在温饱的基础上，生活质量进一步提高，达到丰衣足食。

（3）经过了十几个小时的飞行，飞机终于到达了首都国际机场。

（4）马克思认为，必须经过一个很长的历史时期，才能从社会主义到达共产主义。

五、到 2020 年中国寿险保费总收入将超过 2 万亿元

"寿险"（life insurance），保险专业名词，即人寿保险。指以被保险人在保险期限内死亡或保险期满生存为条件给付保险金的保险。

六、届时，中国保险业的总体状况将接近和达到中等发达国家水平

"届时"，副词，"到时候"的意思，多用在书面语当中，在句子中作状语。

例如：

（1）展览会将在 5 月初举行，届时将有来自二十多个国家的厂商参展。

(2) 大桥下个月完工，届时将举行通车典礼。

(3) 据预测，到2050年，中国老年人口将达到4.68亿，届时，每4个人中，就有1个老年人。

(4) 中国的三北（西北、华北北部、东北西部）防护林工程从1978年开始到2050年结束，计划造林0.35亿公顷。届时，三北地区的森林覆盖率将由1977年的5.05%，提高到2050年的14.95%。

七、保险公司整体经济实力不断增强

"不断"，副词，连续不间断。在句中作状语，后面跟动词。

例如：

(1) 我们应该努力学习，不断进步。

(2) 中国居民的收入水平在不断提高。

(3) 随着改革的不断深入，中国的保险市场将进入全面开放的新时期。

(4) 这篇文章在报纸上发表以后，不断有读者给她打电话，表示支持她的观点。

八、中国保险市场上保险公司的总数将会由目前的54家逐步增加到100家左右

"逐步"，副词，一步一步地。在句中作状语，后面跟动词。近义词有"逐渐"、"渐渐"。三个词都是副词。区别如下：

1. "逐步"多指有意识而又有步骤地变化，含有主观因素；"逐渐"、"渐渐"多指程度或数量自然而然地慢慢增减，一般只能按客观规律变化，主观因素少。
2. "逐步"不能修饰形容词；"逐渐"、"渐渐"可以修饰形容词，形容词后常带"了、起来、下去"等表示动态。
3. "渐渐"可以用于主语前，修饰全句；"逐步"、"逐渐"不行。

例如：

(1) 中国将逐步实现建设小康社会的目标。

(2) 这家大企业是在一个乡镇小厂的基础上逐步发展起来的。

（3）经过一段时间的探索，她逐步改进了学习方法。

（4）天逐渐/渐渐黑了。

（5）来中国以后，她不注意运动，身体逐渐/渐渐胖起来。

（6）渐渐地，天气暖和起来了。

九、1980年中国保险深度仅为0.1%，保险密度仅为0.47元

“保险深度”，保险专业名词，保险统计方法之一。指保险费收入在国民生产总值（GNP）中所占的百分比。其目的是了解商业保险在国民经济中的地位和重要性。

“保险密度”，保险专业名词，保险统计方法之一。指在一定的统计区域常住人口人均保险费金额。其目的是掌握该地区保险业务的发达程度及经济发展状况。

十、往往是产业结构剧烈变化、利益矛盾不断增加的时期

“往往”，副词，表示某种情况经常存在或发生。在句中作状语，后面跟动词。近义词是“常常”。意思相近，有时可以互相替换，但语义侧重点不同。区别如下：

1. “往往”是对到现在为止的情况的总结，表示在通常情况下都是这样，有一定规律性，不用于主观意愿；“常常”单指动作的重复，经常发生，不一定有规律，可以用于主观意愿。
2. “往往”不能用于将来的情况；“常常”可以。

例如：

（1）小李他们公司业务很多，节假日时往往/常常要加班。

（2）为了完成一项试验，他们往往/常常在实验室中连着干好几天。

（3）如今的孩子和父母对很多问题的看法往往/常常不一样。

（4）周末时，她往往/常常跟中国朋友一起去郊游。

（5）回国后，我会常常给你打电话的。

（6）我希望我们以后可以常常见面。

十一、市场激烈竞争带来的挑战/往往是产业结构剧烈变化、利益矛盾不断增加的时期

"激烈"、"剧烈"都是形容词，意思相近，都有力量大、势力强的意思。区别如下：

1. "激烈"有使人兴奋激动的意思，常用于竞赛、竞争、辩论、斗争、战斗等双方有对抗性的言语或行为；"剧烈"侧重于凶猛、厉害、速度快，可以用于变化、震动、运动、疼痛、心跳等。
2. 在句中都可以作定语、谓语、状语，"激烈"还可以作补语，"剧烈"不能。

例如：

(1) 去还是不去？她的思想斗争非常激烈。

(2) 大家对这一问题的辩论进行得很激烈。

(3) 他忍着剧烈的疼痛，坚持跑到了终点。

(4) 车子剧烈地震动了一下，然后就停在那儿了。

十二、大力推动国有独资保险公司的股份制改造

"股份制"（stock system），一种经营形式，指通过发行股票，建立股份公司筹集资金，进行生产和经营，投资人按投入资本的份额参与管理和分配。

【练习】

一、根据课文判断下面句子的对错，并在括号内画"✓"或"✕"。

(　　) 1. 中国保险市场的发展空间巨大。

(　　) 2. 目前，中国保险业的年均增长率比 GDP 的年均增长率高。

(　　) 3. 现在，中国一年的保费收入占当年 GDP 的 8%。

(　　) 4. 2020 年，中国人寿保险公司总资产将超过 1 万亿元。

(　　) 5. 中国保险业目前的总体状况已经接近中等发达国家水平。

(　　) 6. 日本生命保险公司是 2001 年世界 500 强企业之一。

(　　) 7. 保险业是中国社会保障制度的一部分。

(　　) 8. 现在世界各国的保险公司都面临着调整和变革。

(　　) 9. 中国国有独资保险公司向现代企业迈进的重要步骤是股份制改造。

(　　) 10. 加入 WTO，对中国保险业来说，有利因素和不利因素同时存在。

二、熟读并解释下列词语。

保险	投保	保费	理赔	索赔
保险单	保险费	保险人	保险法	再保险
保险种类	保险合同	保险公司	保险集团	保险企业
保险深度	保险密度	保险期限	保险行为	保险利益
人身保险	财产保险	责任保险	信用保险	农业保险
保证保险	保险经纪人	保险代理人	保险准备金	承保与承保能力

三、给下列句子中画线的部分选择合适的义项。

目标

A. 名词，射击、攻击或寻求的对象

B. 名词，想要达到的标准或情况

(　　) 1. 敌人的目标已经被我们发现了。

(　　) 2. 让产品打入国际市场是我们的目标。

(　　) 3. 由于天气不好，战士们看不清目标。

(　　) 4. 她获得了博士学位，实现了自己的奋斗目标。

健全

A. 形容词，强健而没有缺陷

B. 形容词，（事物）完善，没有欠缺

C. 动词，使完善

(　　) 1. 放心吧，你的孩子发育很健全。

(　　) 2. 王厂长来了以后，健全了厂里的生产责任制度。

(　　) 3. 目前，中国金融、保险、社会保障体系还不健全。

(　　) 4. 任何头脑健全的人，都不会相信这样的话。

意外

A. 形容词，没有想到的

B. 名词，没有想到的不幸事件

(　　) 1. 这次意外事故给工厂造成了很大的损失。

(　　) 2. 为了避免发生意外，你最好跟她一起去。

(　　) 3. 他跟玛丽已经10年没有联系了，今天接到她的电话，感到很意外。

稳定

A. 形容词，稳固安定

B. 动词，使稳固安定

(　　) 1. 他一直希望找一个比较稳定的工作。

(　　) 2. 她稳定了一下情绪，开始陈述自己的观点。

(　　) 3. 中国经济将保持持续稳定的发展趋势。

四、选词填空。

届时	挑战	探索	肩负	不断	妥善
预测	若干	难得	拓展	深入	

1. 据专家________，中国经济将保持持续增长的态势。
2. 经过十几年的________努力，这家企业终于跻身国内“百强”。
3. 经过________调查，事故的原因已经找到了。
4. 我们主张通过谈判________解决两个企业间的矛盾。
5. 每段文章后面，都提出了________个问题让大家思考。

6. 人口老龄化必然会给社会政治、经济等方面带来新的________。
7. 医学界正在________治疗艾滋病的新方法。
8. 这支球队第一次参加世界杯就进入了十六强，真是________。
9. 他们希望________合作的领域，加强两国中小企业间的合作。
10. 汽车工业作为支柱产业，________着带动其他工业发展的重任。
11. 研讨会将于 8 月召开，欢迎您________参加。

五、辨析下列近义词并选词填空。

成就—成绩　达到—到达　逐步—逐渐—渐渐
常常—往往　剧烈—激烈

1. 中国农业将________调整产业结构，以适应现代化的需要。
2. 雨________小了。
3. 希望你能________给家里打个电话。
4. 他是个很有________的艺术家。
5. 我们要努力使产品质量________国际先进水平。
6. ________地，我习惯了这里的生活。
7. 关于这个问题，他们争论得十分________。
8. 小李这次的________在班里排第一。
9. 遇到难题时，他________整夜睡不着觉。
10. 屋子里很静，几乎可以听到他________的心跳声。
11. 你________学校后，马上给家里打个电话。

六、模仿下列句子，用括号里的词语造句。

1. 中国保险业将以高于 GDP 年均增长率两倍的速度增长。（以……速度）
2. 按照这样的发展速度预测，到 2020 年中国寿险保费总收入将超过 2 万亿元。（按照）

3. 截至 2001 年，中国保险业资产总额为 4 591 亿元，年均增长率接近 32%。**（截至）**

4. 这两项指标相当于 2000 年亚洲 23 个国家（或地区）排名的第 3 位和第 9 位，欧洲 32 个国家排名的第 9 位和第 19 位。**（相当于）**

5. 虽然在亚洲国家中仍属于较低水平，但是标志着参加商业保险的人群正逐步扩大。**（虽然……但是……）**

6. 我们既要看到保险业发展中存在着大量的机遇，也要看到发展中将面临的各种困难，以及市场激烈竞争带来的挑战和各种风险给保险业发展带来的障碍。**(既……也……以及……)**

七、按照适当顺序排列下面句子。

1. A. 在四大类业务经营项目中
   B. 保险种类是指保险业务经营项目
   C. 根据保险内容、要求以及有关承保条件还可以分为许多不同的险种
   D. 一般可分为财产保险、责任保险、保证保险和人身保险四大类

   ____

2. A. 中国保险业将在开放中取得更大发展
   B. 只要采取措施
   C. 不断提高保险企业的竞争力
   D. 中国的政治、经济环境为保险业的发展提供了有利条件

   ____

3. A. 中国加入世界贸易组织以来
   B. 在中国的外资和中外合资保险公司已发展到 29 家
   C. 又有 3 家外国保险公司获准在华筹建营业机构
   D. 1992 年中国保险市场对外开放以来

   ____

4. A. 还处在打价格战的低层次竞争水平上
   B. 国内的保险公司还不成熟

C. 但是业务质量和管理水平较低

D. 虽然市场份额较大

______

5. A. 更成为我国保险业提高国际竞争力的有利时机

B. 我国保险业加入世界贸易组织后的全面开放

C. 特别是全球保险业面临的重大调整和变革

D. 给保险业提供了很好的发展机遇

______

6. A. 将会增强自身的竞争力

B. 保险公司依靠网络开展营销

C. 随着网络的逐步普及

D. 出现了网络保险

______

八、综合填空。

中国是农业大国，有关资料__1__，中国农业总产值占 GDP 的比例在 20% 左右，__2__，农业保险的发展__3__与农业的基础地位显得不相称。2001 年中国保费收入 2 109 亿元，农业保险收入__4__几亿元，农民户均农险保费不足 3 元。__5__北京为例，2001 年农业保费收入为 23 万元，__6__，约 20 万元是农机和麦场火灾险，实际的农业生产自然灾害险保费收入不足 4 万元。

1. A. 表示	**B. 显示**	**C. 预测**	**D. 预计**
2. A. 因此	**B. 由于**	**C. 虽然**	**D. 然而**
3. A. 却	**B. 可**	**C. 就**	**D. 也**
4. A. 只	**B. 仅**	**C. 近**	**D. 才**
5. A. 用	**B. 把**	**C. 以**	**D. 举**
6. A. 特别	**B. 其中**	**C. 其实**	**D. 尤其**

九、根据以下提示写一篇小文章（300字以上）。

1. 中国保险业的现状。
2. 保险业在社会生活中的作用。
3. 介绍一下你们国家保险业的基本情况。

【副课文】

培育保险消费新增长点

保险，作为一种新型的消费，正在成为居民的一个新时尚。随着居民经济收入的增加，保险消费支出会不断提高，这是各国经济发展的普遍规律，也是中国近年来经济发展验证的事实。

保险消费明显升温

柯小姐在一家公司工作，收入丰厚，生活惬意，她为自己买了医疗、人寿等保险。越来越多的人像柯小姐一样认识到，人的一生中不可预测的东西太多，如身体透支的风险、工作的风险、收入的风险、房子按揭的风险、子女教育的风险等等，都需要合理控制，买保险也是生活成本之一。

据中国保监会最新统计，2003年1~6月，国内外资保险公司总保费收入2 126.1亿元，比去年同期增长32%。人身险保费收入1 652.6亿元，同比增长39.3%；财产险保费收入473.5亿元，同比增长11.8%。到6月底，保险公司总资产达到7 800亿元，资金运用总额5 642亿元，预计今年全年保费收入4 000亿元。

大量的保险需求潜能释放，保险消费升温，将对拉动经济持续快速发展起到不可低估的作用。

市场需求空间巨大

保险业是立足于人们生存和发展双重需要之上的行业，是在各个层面上满足人们趋利避害需要的服务。有人形象地将中国市场比作金矿，并认为保险市场是其中最大的一座金矿。

无论是从居民生活状况，还是从社会经济情况上看，中国保险需求都是相当大的。十几年来中国保险业处于高速发展阶段。2002 年保费收入达 3 054 亿元，同比增长了 44.6%。专家预测，未来 5 年保费收入还会继续以两位数高速增长。轿车、住房、旅游等新消费亮点频现，家庭财产险、车险、旅游保险等日益增多，为保险业带来巨大的创新和发展空间。

还不仅仅如此。社会稳定、收入增长、恩格尔系数降低，人们的钱袋子越来越鼓了。据统计，我国城市居民人均储蓄在 5 万~10 万元，一些发达地区的城市户均储蓄达到20万元。据中国人民银行所作的居民储蓄动机问卷调查，2002年，在我国8.7万亿元的城乡居民储蓄中，以养老、教育、防病、失业等为储蓄动机的比例达44.5%，且这一比例有逐步上升趋势。从储蓄率来说，2002年，我国居民储蓄率高达39%，而在保险保障制度发达的国家，居民储蓄率普遍低于10%。上述动机的储蓄是长期资金，在发达国家，通常是用于购买保险，而不是在银行存款。另有资料显示，美国有近48%的家庭拥有股票，68%的家庭拥有基金，居民投资获得的收入占整个国内生产总值比重的25%左右。与之相对应的是，到2002年6月，中国城市居民家庭财产户均7.98万元，参与投资的仅为2.27万元。

2003年上半年，中国的银行存款继续快速增长。10万亿元存款虽然在一定程度上制约了消费生产的进一步扩大，同时也蕴藏着巨大的消费能量和无限商机。对保险业而言，如果能挖掘出这一消费能量的1%，将形成1 000亿元的保费收入，这个数字的确令人振奋。当务之急是在国家政策的鼓励和支持下，提高人们的保险意识，提倡健康、理性的消费观念，树立人们的消费信心，扩大消费需求，激活潜在的保险资源。

服务升级刻不容缓

我国保险业目前还处于成长期，保险深度和保险密度与发达国家相比仍存在较大差距，2001年这两项指标世界排名分别为61位和73位，低于世界平均水平。当前保险业最突出的矛盾就是快速发展的国民经济和社会对保险业的需求与保险业自身的发展不相适应。人民对医疗、养老等保险的需求不能通过保险的快速发展释放。保险产品还存在着创新不足、品种不够丰富、保险服务质量不尽如人意等问题。健康医疗保障险种还不够完善，财险产品结构还比较单一，对责任险、家庭财产险等险种研究开发得还不够，对投保客户、企业的服务还不深入，特别是民营企业的投保比例还很低。

中国经济的快速增长和巨大的市场前景也吸引着国外保险机构，很多国外及跨国保险业巨头纷纷在中国安营扎寨，来中国这个亚洲甚至全球最具活力的大市场探路，欲分中国保险市场的奶酪。外资保险有雄厚的资金实力，先进的管理经验，优质规范的服务，丰富的保险品种，给中国保险市场增添了一道新的亮丽的风景线。同时，也给中国的保险业带来了很大的冲击和挑战，行业可能面临重新洗牌。

为做大做强中国保险业，由外延扩张和粗放式经营转向内涵式发展，逐渐将保险业的卖方市场向买方市场转变，扩大保险消费，将消费者推到市场的第一线，我们要做的还很多。首先，要深化体制改革。保险公司要改变经营理念，转换经营机制，完善内部管理机制，建立激励约束机制，增强企业内部活力和外部竞争能力，真正把企业推向市场。其次，要提高保险服务质量，这是扩大保险消费的前提。保险公司应当大打“服务”牌，抓好售前、售中、售后，尤其是售后服务的经营管理，以诚信打动消费者的心。第三，要优化险种结构，丰富创新保险产品，这是扩大保险消费的关键。只有开发适销对路的保险产品，保险消费才可能得到进一步扩大。要在家庭财产险、责任险等方面突破，寿险业要加大人身险产品创新力度，调整险种结构，使之协调发展。同时，监管部门要加大监管力度，加紧研究制定新时期保险行业发展规划，规范培育保险市场，使中国保险市场走上良性发展轨道，为国民经济持续快速发展发挥应有作用。

第四课 中国居民消费升级明显加快

居民消费，是一定时期内，城乡居民个人物质生活和精神生活需要的物质产品的总和。也称个人消费或生活消费。随着居民收入的增长，居民消费能力也不断升级。中国居民消费升级经历了由基本生活消费逐步向发展型和享受型消费转移的过程。本文介绍了中国居民消费升级经历的三个时期，分析了现阶段的消费特点以及今后的消费趋势。

【生词】

1 **升级** shēngjí（动）从较低的等级升到较高的等级。

2 **档次** dàngcì（名）按一定标准分成的不同等级。

3 **折旧** zhéjiù（动）depreciation（in value of property）；obsolescence allowance 消除固定资产所损失消耗的价值。

4 **缝纫机** féngrènjī（名）sewing machine　做针线活的机器。

5 **大为** dàwéi（副）表示程度深，范围大。

6 **耐用** nàiyòng（形）可以长时间使用，不容易用坏。

7 **延续** yánxù（动）照原来的样子继续下去。

8 **拥有** yōngyǒu（动）具有（大量的土地、人口、财产等）。

9 **萌芽** méngyá（动）（植物）生芽；（比喻）事物刚发生。

10 **饱和** bǎohé（形）事物在某个范围内达到最高限度。

11 **取而代之** qǔ ér dài zhī 用一种事物代替另一种事物。

12 **转型** zhuǎnxíng（动）指社会经济结构、文化形态、价值观念等方面发生变化。

13 **添置** tiānzhì（动）在原有的以外再购买。

14 **显著** xiǎnzhù（形）≈明显　非常明显。

15 **扑面** pūmiàn（动）迎着脸来。

16 **意向** yìxiàng（名）intention　目的。

17 **问卷** wènjuàn（名）questionnaire　列出若干问题让人回答的书面调查材料，目的在于了解人们对这些问题的看法。

18 **拉动** lādòng（动）采取措施使提高或发展。

19 **效应** xiàoyìng（名）个人言行或事物的发生、发展在社会上引起的反应和效果。

20 **释放** shìfàng（动）把所含的物质或能量放出来。

21 **产权** chǎnquán（名）property right　指财产的所有权。

22 **温饱** wēnbǎo（名）吃得饱、穿得暖的生活。

23 **跨越** kuàyuè（动）超过地区或时期的界限。

24 **有待** yǒudài（动）要等待。

25 **息息相关** xī xī xiāngguān 呼吸相关联，比喻关系密切。

26 **滞后** zhìhòu（动）落后于形势的发展。

27 **阻碍** zǔ'ài（动）使不能顺利通过或发展。

28 **当务之急** dāng wù zhī jí 当前应当办的最急切的事。

29 **换代** huàndài（动）指产品在结构、性能等方面比原有的有明显的改进和发展。

30 **启动** qǐdòng（动）（规划、方案等）开始实施或进行。

31 **维持** wéichí（动）≈保持　使继续存在下去。

32 **渐进** jiànjìn（动）逐渐前进、发展。

33 **信贷** xìndài（名）银行存款、贷款等信用活动的总称。一般指银行的贷款。

34 **款式** kuǎnshì（名）style　样式。

35 **核心** héxīn（名）中心。

36 **替代** tìdài（动）substitute　用甲换乙，起乙的作用。

37 **转化** zhuǎnhuà（动）由一种情况变为另一种情况。

38 **阶层** jiēcéng（名）因某种相同特征而形成的社会集团。

39 **属于** shǔyú（动）belong to；be owned by　归某一方面或为某方所有。

40 **层面** céngmiàn（名）某一层次的范围。

41 **梯度** tīdù（名）gradient 依照一定标准所分的不同层次。

42 **内需** nèixū（名）国内市场的需求。

43 **进程** jìnchéng（名）≈过程 事物发展变化或进行的过程。

44 **扩张** kuòzhāng（动）扩大（势力等）。

【课文】

随着我国城市居民收入的快速增长，居民消费能力也在不断**升级**，从十几年前的“十元级”、“百元级”、“千元级”到近几年的“万元级”、“十万元级”，消费品的**档次**越来越高，消费周期越来越短，**折旧**越来越快。

我国居民消费升级经历了从基本生活消费逐步向发展型和享受型消费转移的过程，消费升级主要经历了三个时期：

——以基本生活消费为主的初级阶段（1978年改革前）。主要追求“三转一响”的“老四件”，即自行车、**缝纫机**、手表和收音机。

——生活条件**大为**改善的电器普及阶段。主要追求以彩电、洗衣机、电冰箱、录音机等为主要代表的“新四件”。始于20世纪80年代的城镇居民消费从千元级向万元级、十万元级消费发展，农村从百元级向千元级、万元级消费发展，形成了以家用电器为代表的**耐用**消费品热潮。这一热潮大约**延续**了十年左右，家用电器在城市普及，并且开始进入农村家庭。

目前电话、空调、家用电脑和轿车等新的消费品又逐渐进入城镇居民家庭。据调查，1981年城镇居民家庭平均每百户**拥有**彩电0.6台，洗衣机6台，电冰箱0.2台，录音机13台，刚刚开始进入**萌芽**期；到1988年彩电拥有量增加到44台，洗衣机增加到73台，电冰箱增加到28台，录音机增加到64台，进入发展期；1998年城镇居民家庭平均每百户拥有彩电105台，比1988年增长1.4倍；洗衣机91台，比1988年增长24.7%，电冰箱76台，增长1.7倍，已基本达到**饱和期**。而新一代的消费品又**取而代之**，1998年城镇居民家庭平均每百户拥有空调器 20 台、家用电脑 4 台、家用轿车 0.25 台，还有 63.8%的家庭装有电话。

近几年，在我国居民收入水平提高的同时，消费升级**转型**也明显加快，居民在消费选择上愿意花更多的钱**添置**和更新以家电为代表的高档耐用消费品。调查资料显示，至 2002 年末，城镇居民家庭百户拥有家用电脑 20.63 台，比上年增长 1.55 倍；空调 51.1 台，增长 1.43 倍；移动电话 62.89 台，增长 1.85 倍。以家用电脑、空调、移动电话为代表的家电产品拥有量**显著**增加。

从数据上看，中国家电产品的消费只用近十年的时间就赶上了一些发达国家几十年走过的路。

——高层次的享受阶段。家电普及后，以住房、汽车为主的新的消费热潮又**扑面**而来。抽样调查表明，2002 年，有 82.1%的城镇居民家庭拥有自己的住房，其中 60.7%的家庭购买了房改房，9.3%的家庭购买了商品房，12.1%的家庭拥有私房。

最近，中国人民银行在全国 57 个城市对 2.28 万名城镇居民进行了买房**意向**的**问卷**调查。调查显示，目前中国房改政策对住房需求的**拉动效应**已经基本**释放**，城镇居民中有 74%的人拥有了自己的住房。51%的人是为了扩大居住面积和改善居住条件，这说明城镇居民对住房的需求已开始从"有房住"向"住好房"方向转变。

从调查中还可以看到，目前已有 11%的城镇居民拥有了自己的汽车（以**产权**为标准，包括个人用于经营的汽车）。从对买车用途的调查看，有 30%的人是为了出行方便，35%的人是为了提高生活质量，还有 32.6%的人是为了用于经营。

应该看到，鼓励消费的政策和环境还不够完善。当前，随着城镇居民生活水平总体上实现从**温饱**到小康的**跨越**，居民消费热点已逐步转向住房、教育、旅游、电子、信息产品、医疗保健服务和轿车等方面，但就目前而言，这些领域的消费政策和消费环境都**有待**于进一步改善。在农村，由于基础设施特别是与居民消费**息息相关**的水、电、通讯等基础设施发展**滞后**，在一定程度上**阻碍**了农村消费需求。

针对目前居民消费升级的加快，**当务之急**是，一方面要防止居民为未来消费升级**换代**进行大量的储蓄而不利于目前的消费**启动**，同时也要防止未来升级换代过于集中。当前应当细分消费群体的消费层次，**维持**消费升级的**渐进**性，使消费升级成为一个分层次、有步骤的稳定过程。对于中等偏上收入者可以用消费**信贷**等方式引导他们首先购房买车；对于中等收入者可以增加其文化娱乐消费；对于中等偏下收入者可以增加其耐用消费品的消费与换代。

根据现阶段消费特点，在今后15年里，基本消费趋势将是持续的消费升级，居民消费热点将发生如下变化：一是从基础的吃、穿、用类消费转向以居住、交通、通讯为主要内容的住行类消费；二是从简单的商品性消费转向包括各种服务在内的复杂性的商品及服务消费，如餐饮、教育、文娱、旅游、家庭服务和医疗保健等；三是追求时尚的个性化消费，商品的质量、品牌、**款式**、包装和售后服务越来越受到重视。今后几年内逐步形成的消费热点主要表现在：城镇居民——住房、电子信息产品、服务消费、教育、旅游、小轿车、新型食品等，农村居民——住房、家电、农用车和摩托车等。

消费结构升级的**核心**在于"两个转化"。由于收入差别的客观存在，某些高档消费品、中档消费品与低档消费品是永远也无法相互**替代**和**转化**的。然而，随着收入水平的普遍提高，不同收入**阶层**的消费结构会发生变化，某些高档用品、中档用品、低档用品又是可以替代和转化的，因为原来**属于**高收入阶层消费的产品可以普及到大众或中等收入消费层面，原来属于大众或中等收入阶层消费的产品也可以普及到低收入消费**层面**，这"两个转化"正是消费结构升级与产业结构**梯度**升级的最显著标志。从这个意义上来讲，三大类产品群的替代与转化对消费升级与扩大**内需**有重大影响，体现了由高档消费（或高收入消费）向中档消费（或中等收入消费）、中档消费向低档消费（或低收入消费）普及和转化的**进程**，从而引起了消费结构的梯度升级变化。因此，未来要扩大内需，带动消费结构的梯度升级，政策的核心在于适应不同等级收入群体消费需求的**扩张**，推动三大类消费产品群的"两个转化"。

【注释】

一、生活条件<u>大为</u>改善的电器普及阶段

“大为”，副词，表示程度深，范围大。在句中作状语，修饰动词、形容词。

例如：

（1）经过一年的学习，他的汉语水平大为提高。

（2）对于评比的结果，员工们大为失望。

（3）经理对你的这种做法大为恼火。

（4）由于绿色工程的实施，城市面貌大为改观。

二、据调查，1981 年城镇居民家庭平均每百户拥有彩电 0.6 台，洗衣机 6 台，电冰箱 0.2 台，录音机 13 台，<u>刚刚</u>开始进入萌芽期

“刚刚”，副词，容易和它混淆的词是“刚才”。两者都和时间有关系。区别如下：

1. 词性不同。“刚刚”是副词，说明动作发生的时间，只能用在动词或少数表示变化的形容词前面作状语；“刚才”是名词，指说话以前不久的时间，可以作状语，放在主语的前面或后面，还可以作定语、主语、宾语。
2. 否定形式不同。“刚刚”的否定式是“不是刚刚”；“刚才”没有否定式，但后面可以加“不”或“没有”。
3. “刚刚”还可以表示某一行动或情况发生不久，另一行动或情况紧接着发生，用在复句中，后面有“就”、“又”呼应；“刚刚”还可以表示勉强达到某种程度；“刚刚”还可以表示“恰好”。

例如：

（1）她不是刚刚毕业，已经毕业 3 年了。

（2）他刚刚到家，就接到厂里一个电话，说机器出了故障。

（3）他文化程度不高，刚刚高中毕业。

(4) 我手中刚刚有20万元，不多不少，你先拿去买设备吧。

(5) 我们刚才在这里进行了谈判。/刚才我们在这里进行了谈判。

(6) 这个问题你刚才不/没提，现在说也没用了。

三、还有63.8%的家庭装<u>有</u>电话

这是"有"的一个特殊用法，即某些单音节动词后面加"有"，形成一个双音节组合，"有"表示存在，前一个动词表示存在的方式。用法相当于一个动词，必须带宾语，一般不带补语或"了"、"着"、"过"等形式。

例如：

(1) 办公室备有工程进展情况的报告，供大家参阅。

(2) 聚会结束以后，客厅内还留有一股酒香。

(3) 这份朗读材料每个字上面都标有拼音，你不用担心碰到生词。

(4) 雍和宫殿前的石碑上，刻有乾隆皇帝用汉、满、藏、蒙四种文字撰写的碑文。

四、消费升级转型也<u>明显</u>加快/以家用电脑、空调、移动电话为代表的家电产品拥有量<u>显著</u>增加

"明显"、"显著"都是形容词，都有清楚地显出来，容易让人看到或感觉到的意思。区别如下：

1. "明显"的运用范围比"显著"广，可以指事业的一定成绩，容易显露的事物，也指目标、字迹等清楚、明白；"显著"常常用于成绩、变化等积极的方面，在程度上比"明显"更深。形容目标、事实等很清楚，不能用"显著"，"显著"也不能和"意见"、"例子"等搭配。
2. 两个词都可以在句中作定语、谓语和状语，"明显"还可以作补语，"显著"不能作补语。
3. "明显"可以受程度副词"很"、"非常"、"十分"等的修饰，放在句子的开头。

例如：

（1）事情已经很明显，我们总经理不同意与你合作。

（2）目前快餐的价格与人们的收入相比，“价格低廉”体现得不够明显。

（3）很明显，大家对厂长有意见。

（4）他在科研方面取得了明显/显著的成绩。

（5）改革以后，工作效率明显/显著提高了。

五、抽样调查表明，2002年，有82.1%的城镇居民家庭拥有自己的住房

“表明”，与其相近的一个词是“标明”，两个词都是动词，都有清楚明白地表示出来，使人知道的意思。区别如下：

“表明”可用多种方式或手段，多用于抽象事物，如表明观点、态度、诚意、身份、心迹等；“标明”侧重指用文字或记号使人知道，侧重于做出记号或写出文字使人明白，多用于具体事物。

例如：

（1）中国政府已经多次表明对这一事件的立场。

（2）统计结果表明，今年我国的加工贸易、一般贸易进出口全面增长。

（3）列车时刻表上标明K12次列车晚上六点到站。

（4）每一件电器的标签上都详细标明了产地和价格。

六、60.7%的家庭购买了房改房，9.3%的家庭购买了商品房

“房改房”，指国家公务员、企事业单位职工按国家住房改革政策购买的住房，价格低于市场价。

“商品房”，指作为商品出售的房屋，按市场价格进行交易。

七、但就目前而言，这些领域的消费政策和消费环境都有待于进一步改善

“有待”，动词，意思是要等待，表示某事需要将来去做。多用于书面语。在句中作谓语，一定要带宾语。宾语可以是主谓结构、动词或动词短语，还可以带名词化了的动词或动词短语。“有待”和宾语中间可以加介词“于”，意思不变。

例如：

(1) 事故原因有待（于）我们进一步调查。

(2) 这个问题有待（于）深入研究。

(3) 中国西部地区有待（于）开发的矿产资源很多。

(4) 生产任务的完成，还有待（于）本厂职工的共同努力。

(5) 尽管我国出口商品结构进一步得到了优化，但总体结构和档次仍有待（于）提高。

八、维持消费升级的渐进性

"维持"，近义词是"保持"，两个词都是动词，都有保住原来的样子，使不改变的意思。但语义侧重点和搭配习惯不一样。区别如下：

"维持"强调在一定限度和时间内使原样不完全改变，常常和"生活、生命、现状、秩序、治安、局面"等词搭配，所维持的状态一般已不是最好的状态；"保持"强调长时间保住原状，不使事物因时间延续而消失或减弱，常和"水平、传统、健康、卫生、荣誉、传统、联系、热情"等表示积极意义的词搭配。

例如：

(1) 她的工资仅够维持自己一个人的生活。

(2) 这家企业经营状况非常差，很难维持下去了。

(3) 长期以来，两公司一直保持着良好的合作关系。

(4) 今年，我国保险业务保持着快速发展的趋势。

九、消费结构升级的核心在于"两个转化"

"消费结构"(consumption patterns)，也称消费构成。居民消费支出中，用于吃、用、住、行等各种支出占总消费额的比重。消费结构的变化，反映了社会经济发展和人民生活水平提高的状况。在一般情况下，经济落后，居民收入水平较低，居民消费主要解决温饱问题，吃的消费支出在消费总额中占很大比重。反之，随着经济的逐渐发展和居民收入水平的提高，居民的消费支出中，吃的比重就会下降，用的比重将会上升。

十、这“两个转化”正是消费结构升级与产业结构梯度升级的最显著标志

“梯度”在这个句子中是副词，表示按照一定次序分层次。作状语，修饰动词或动词性短语。

例如：

（1）生产力布局上，中国提出了梯度发展战略，即利用差别达到消除差别的发展理论。

（2）中国经济的发展呈现出由东向西梯度推进的趋势。

“梯度”还可以作名词，意思是依照一定次序分出的层次。

例如：

（3）考试题的难易应该有一个梯度。

（4）有些新车选择了比较宽泛的价格梯度，以应对市场的变化。

十一、体现了由高档消费（或高收入消费）向中档消费（或中等收入消费）、中档消费向低档消费（或低收入消费）普及和转化的进程

“进程”，近义词是“过程”，两个词都是名词，都可以指事物发展变化的经过。区别如下：

1.“进程”强调事物向前发展，正在进行之中；“过程”强调事物从开始到完成的经过，用于过去、现在和将来都可以。

2.“进程”不能用于人，只能用于比较重大的事物；“过程”可以用于人或各种事物。

例如：

（1）我们要采取有力措施，推进改革进程。

（2）在现代化的进程中，我们不可避免地会遇到各种困难。

（3）刚到一个新单位，需要一个适应的过程。

（4）竞争是一个动态的过程，一个优胜劣汰的过程。

【练习】

一、根据课文判断下面句子的对错，并在括号内画“√”或“×”。

（　　）1. 随着耐用消费品的增加，消费品折旧速度在下降。

（　　）2.“新四件”的消费经历了萌芽期、发展期和饱和期。

（　　）3. 随着收入增加，消费升级加快。

（　　）4. 中国大部分城镇居民家庭拥有自己的住房。

（　　）5. 居民买房主要是为了住得更好。

（　　）6. 大部分城镇居民买车是为了到外地旅游更方便。

（　　）7. 现在住房、教育、旅游、电子领域的消费政策已经完善。

（　　）8. 居民储蓄越多，越有利于启动消费。

（　　）9. 文章预测未来 15 年农村居民的消费将转向住房、电子信息类产品、服务消费等。

（　　）10.“两个转化”指的是低档消费向中档消费、中档消费向高档消费普及和转化。

二、根据课文解释下面句子中画线部分的意思。

1. 始于 20 世纪 80 年代的城镇居民消费从千元级向万元级、十万元级消费发展，农村从百元级向千元级、万元级消费发展，形成了以家用电器为代表的耐用消费品热潮。
2. 据调查，1981 年城镇居民家庭平均每百户拥有彩电 0.6 台，洗衣机 6 台，电冰箱 0.2 台，录音机 13 台，刚刚开始进入萌芽期。
3. 而新一代的消费品又取而代之。
4. 从数据上看，我国家电产品的消费只用近十年的时间就赶上了一些发达国家几十年走过的路。
5. 家电普及后，以住房、汽车为主的新的消费热潮又扑面而来。
6. 调查显示，目前中国房改政策对住房需求的拉动效应已经基本释放，城镇居民中有74%的人拥有了自己的住房。

7. 在农村，由于基础设施特别是与居民消费息息相关的水、电、通讯等基础设施发展滞后，在一定程度上阻碍了农村消费需求。

8. 针对目前居民消费升级的加快，当务之急是，一方面要防止居民为未来消费升级换代进行大量的储蓄而不利于目前的消费启动，同时也要防止未来升级换代过于集中。

三、给下列句子中画线的部分选择合适的义项。

升级

A. 动词，从较低的等级或班级升到较高的等级或班级

B. 动词，战争规模扩大，情况紧张的程度加深

(　　) 1. 这次考试及格的同学，才可以升级。

(　　) 2. 随着形势的发展，两国之间的战争逐步升级。

(　　) 3. 科技的进步，使信息产品升级换代的速度越来越快。

(　　) 4. 由于种种原因，他们夫妻之间的矛盾逐步升级。

饱和

A. 动词，在一定温度和压力下，溶液所含溶质达到最大限度，不能再融化

B. 动词，事物在某个范围内达到最大限度

(　　) 1. 目前，城镇市场上彩电的销售量已经接近饱和。

(　　) 2. 水里的糖快饱和了，别再放了。

(　　) 3. 到了期末，学生们的知识量已经饱和，很难再接受新东西。

萌芽

A. 动词，（植物）生芽；（比喻）事物刚发生

B. 名词，（比喻）新生的未长成的事物

（　　）1. 明代中叶，中国就已出现了资本主义萌芽。

（　　）2. 一夜之间，柳树就萌芽了。

（　　）3. 他们之间的爱情还处于萌芽状态。

释放

A. 动词，恢复被拘押者或服刑者的人身自由

B. 动词，把所含的物质或能量放出来

（　　）1. 在公安局拘留 15 天以后，他被释放了。

（　　）2. 这种核物质不断释放出有害的气体。

（　　）3. 目前，东南沿海的旅游市场已相对成熟，市场拉动效应已经得到释放。

启动

A. 动词，（仪表、机器、电气设备等）开始工作

B. 动词，（规划、方案等）开始实施或进行

（　　）1. 大力启动消费需求，是我们现阶段的主要任务。

（　　）2. 我家的空调启动时噪音特别大。

（　　）3. 1989 年底，这座大楼的修建工程将正式启动。

四、选词填空。

属于	跨越	意向	拉动	转化
滞后	梯度	扩张	核心	延续

1. 俄罗斯________了欧亚两大洲。

2. 两国之间的友谊已经________了几百年。
3. 中国经济的发展是由东向西________推进的。
4. 目前，第三产业基础设施不足，交通运输、邮电通讯的发展仍然________。
5. 在历史上，这个国家为了________领土而对邻国发动了战争。
6. 经过深入细致的市场调查，厂里有了扩大生产规模的________。
7. 我们应该把压力________为前进的动力。
8. 世界范围内正在建设以现代交通体系和现代化通讯服务体系为________的快速通道网。
9. 由于经济等原因，目前中国依然________发展中国家。
10. 引导百姓有效消费，是扩大国内需求________经济增长的重要手段。

五、辨析下列近义词并选词填空。

刚刚—刚才　　显著—明显　　表明—标明
进程—过程　　维持—保持

1. ________公共场所的卫生，是每个人的义务。
2. 我早晨________收到他们寄来的检测报告，还没来得及看。
3. 在实现小康的________中，保险业发挥着重要作用。
4. 非常________，他没有说真话。
5. 这个公司仅仅能够________现状，很难有什么发展。
6. 在面试的________中，他一直很紧张。
7. 改革开放以来，中国国民经济和社会发展成就________。
8. 他一直不敢________自己的真实身份。
9. 老人在地图上________了位置，所以我们很顺利地找到了那座建筑。
10. 我不喜欢________那个节目。

六、用指定的词语完成句子。

1. 他们制定了严格的管理制度，__________________。（从而）
2. 收到了大学的录取通知书，__________________。（大为）
3. __________________，他们推出了包装不同的几种新产品。（针对）
4. 她学过两年汉语，但__________________。（有待）
5. __________________，这份工作让我比较满意。（就……而言）
6. 这家企业__________________。（拥有）
7. 她用这几个月节省下来的钱，__________________。（添置）
8. 落后的思想观念，__________________。（阻碍）

七、按照适当顺序排列下面句子。

A. 有些污染破坏着我们周围的空气、食品、水源和大自然的生态环境，影响着我们的身体健康，并给子孙后代造成隐患。

B. 21 世纪中国人的目标放在电脑、汽车、装饰豪华的住宅和美味方便的快餐上。

C. 因此，对这种消费带来的污染应引起警惕。

D. 随着人类文明程度的日益提高，越来越多的中国家庭拥有了电视、空调、电冰箱等现代化的家用电器。

E. 然而，这种追求家庭现代化高消费的生活方式带来的不仅是舒适和文明，它也将环境污染带给每一个中国人。

____

八、综合填空。

今年，我国城镇居民消费水平和消费质量________提高，消费结构进一步________，正从基本生活消费________向发展型和享受型________。其中，现代家电产品________量明显增加。________收入水平的不断提高，城镇居民在消费选择上愿意花更多的钱________和更新以家电为代表的高档耐用消费品。

A. 随着　B. 逐步　C. 转移　D. 拥有　E. 添置　F. 改善　G. 显著

九、作一个留学生消费行为的小调查，写一篇 300 字以上的总结。

【副课文】

高收入群体缘何低消费

北京市统计局针对本市居民生活及物价情况的调查显示，2003 年 1 月至 2 月，北京市居民可支配收入及消费支出实际增幅均达到两位数以上，分别增长 13.3%和 20.2%。刺激百姓的有效消费，是当前扩大国内需求拉动经济增长的重要手段。按道理，高收入群体应属高消费一族。然而，北京市商委的有关人士介绍，近年对总体消费影响较大的高收入家庭消费意愿并不强烈，甚至呈下降趋势。

高收入阶层只想投资置业

上海香奈公司驻北京办事处的李丽住在现代城的高层公寓，一个人住 150 平方米的房子，还是一次性付款。她是金领丽人，就是钞票多的女人。在上海她也有房，爹妈留下来的花园洋房，在衡山路上。北京现代城，她只是先住两年，再转让出去。这是一笔不错的投资，目前已经涨了近十万元。

近两年，不少穿着考究的神秘人士，频频穿梭往返于京、沪、穗等城市，不谈商务，不觅风光，专看楼盘，临走时出手不凡，留下一份份购房订单。

据调查机构统计，北京市一年卖出去上千万平方米的商品房，约有四成以上归于“置业候鸟群”名下，销售额达上百亿元。上海市近三年来，外地人买走的商品房面积比重由 11.7%猛增至 25.8%，其中每平方米 7 000 元以上的高价位房屋，有一半被“置业候鸟群”购得。

中国房地产协会会长杨慎说，中国目前约 6.6%的人拥有第二套住房，实际

上这个比例可能要达到15%。长期研究房地产市场的李强博士分析说，由于商务一体化的形成，上海、北京等地已逐渐放开入市限制，促进了置业半径的扩大。又由于居民个人投资理财渠道不是很多，银行利息低，股票证券风险又大，因此很多人把投资目光转向风险相对较小的房地产业。

储蓄还是白领族的最爱

生活享受与理财储蓄如何平衡？北京达丽广告公司的黄小姐和某商贸公司的钟小姐持有两种不同的理财消费观念。

“过日子还是要把眼光放长远些。一定要有计划，工资必须按一定的比例分配使用，超过自己规定的限额就要停止再用。这样储蓄下来的钱就可以拿来做一些有意义的事情，为未来打算。比如我这几年积累了近二十万元，现在就可以拿来开店，做自己想做的事情。”钟小姐说。

钟小姐有很多朋友收入虽高，可是都很节俭。有些朋友还是“海归”派，年收入达一百多万元，却依然很俭朴，觉得自己不应该乱花钱；还有一个朋友，在一家外资企业工作，月收入五千元左右，每月开支一千二百多元，占工资的四分之一，剩下的主要用于储蓄和购买一些商业保险。

黄小姐则认为，如果时时都想着今后会怎样，今天的钱应该怎样花，那一点都不开心，赚再多的钱又有什么意思？黄小姐没结婚，也没什么家庭负担，不想为将来操心，只要开心地过好每一天。她赚钱只为了两件事：换手机和旅游。就算储蓄，也只是为了下次出去旅游。她还认为，什么及早投资，为将来打算，那是专家的说法！起码对年轻人起不了多大的作用。再说，就目前那么一点点的投资渠道，她就不相信通过理财，可以圆百万富翁之梦。

白领丽人，她们有着相似的生活环境、相似的收入水平，却往往有着截然不同的生活观念和消费理念。这本无可厚非，然而在种种不同当中却有一个同样的问题，就是目前能够满足这批高收入群体“享受”的消费产品太少了，上市也太慢了。很难让人们“手中有粮，心中不慌”！

购车能力还没完全释放出来

有人为高收入者画了一幅像：有一技之长和职业追求，在北京、上海、广州等大城市工作，高学历、高智商、高收入、高消费、压力大、节奏快；与获得收入的满足相比，大部分时间不得不处于工作状态，有购车的短中期目标……

北京工商大学的孙教授认为，一些鼓励消费的政策效果不显著。例如，国家虽然鼓励大力发展家用轿车，但轿车消费政策并没有相应作出实质性调整，传统的以限制公车消费为主的消费政策维持了较高的轿车市场价格，而消费成本太高也阻碍了车市的进一步发展。目前私人购置、使用轿车需缴纳的税费种类太多，使他们难以承受。

孙教授说，目前我国支持消费的金融品种少，特别是适应透支性消费的工具少，侧重于让消费者先贷款后消费，而做不到让消费者先消费再形成借贷关系。要进一步改善汽车消费环境，拉动高收入阶层对汽车的实际消费；还可以实行私人购房、购车个人所得税抵扣政策，以有效刺激消费。

第五课 餐饮业发展驶入快行道

改革开放以来，中国的餐饮旅游业作为第三产业发展的重点行业，发展速度很快。据来自中国烹饪协会的数据显示，目前，中国餐饮业经营网点已达三百五十多万家，从业人员超过一千八百万人，成为国内消费需求市场中发展速度最快的行业。餐饮业的发展对扩大内需、拉动消费的作用有目共睹，但食品污染严重、环境卫生差和企业恶性竞争的问题，的确是制约餐饮行业发展的瓶颈。

【生词】

1 众多 zhòngduō（形）很多（多指人）。

2 赚 zhuàn（动）≈挣；↔赔　获得利润。

3 门槛 ménkǎn（名）threshold

4 止境 zhǐjìng（名）end　终点。

5 回报 huíbào（名）repay　酬报。

6 烹饪 pēngrèn（动）做饭做菜。

7 网点 wǎngdiǎn（名）像网一样成系统地分设在各处的商业、服务业单位。

8 幅度 fúdù（名）range　事物变动的大小。

9 增幅 zēngfú（名）increasing range　增长的幅度。

10 零售 língshòu（动）retail　把商品不成批地卖给消费者。

11 夸张 kuāzhāng（形、动）exaggerate　夸大。

12 品尝 pǐncháng（动）taste　仔细地辨别；尝试（滋味）。

13 菜肴 càiyáo（名）经过烹饪供下饭下酒的鱼、肉、蛋、蔬菜等。

14 连锁经营 liánsuǒ jīngyíng chain operation

15 提速 tísù（动）提高速度。

16 分别 fēnbié（副）各自。

17 启示 qǐshì（动）启发指示，使有所领悟。

18 示范 shìfàn（动）demonstrate　做出某种动作或行为供大家学习或模仿。

19 涌现 yǒngxiàn（动）（人或事物）大量出现。

20 **日趋** rìqū（副）day by day　一天比一天走向某个方向。

21 **显现** xiǎnxiàn（动）appear ≈显示；呈现　显露。

22 **梯队** tīduì（名）依次接替上一批人任务的干部、运动员等。

23 **气息** qìxī（名）smell　气味。

24 **迅猛** xùnměng（形）≈迅速　迅速而猛烈。

25 **脱胎换骨** tuō tāi huàn gǔ 完全改变。

26 **同比** tóngbǐ 比去年同一时期。

27 **龙头** lóngtóu（名）比喻带头的、起主导作用的事物。

28 **主体** zhǔtǐ（名）事物的主要部分。

29 **多元化** duōyuánhuà（动）pluralism　与专业化相对。

30 **业态** yètài（名）业务经营的形式、状态。

31 **同步** tóngbù（形）相关联的事物进行速度协调一致。

32 **小吃** xiǎochī（名）snack

33 **排档** páidàng（名）设在路旁、广场上的售货处。

34 **各自** gèzì（代）个人自己。

35 **定位** dìngwèi（动）把事物放在合适的位置并作出某种判断。

36 **丰富多彩** fēngfù duōcǎi rich and varied　形态、种类非常多。

37 **有目共睹** yǒu mù gòng dǔ 人人都看见了，非常明显。

38 **恶性** èxìng（形）↔良性　能产生不好后果的。

39 **的确** díquè（副）≈确实　确实；实在。

40 **制约** zhìyuē（动）condition；restrict　甲事物本身的存在和变化以乙事物的存在和变化为条件，则甲事物被乙事物所制约。

41 **瓶颈** píngjǐng（名）瓶子上面较细的部分，常用来比喻事件进行中容易发生阻碍的关键环节。

42 **妨碍** fáng'ài（动）使事物不能顺利进行。

43 **基于** jīyú（介）根据。

44 **菜系** càixì（名）不同地区菜肴烹调在理论、方式、风味等方面具有独特风格的体系。

45 **稳步** wěnbù（副）with steady steps 稳重的步子。

46 **势头** shìtóu（名）形势。

47 **突破** tūpò（动）打破（困难、限制等）。

48 **顺应** shùnyìng（动）comply with 适应。

49 **走势** zǒushì（名）趋势。

【专有名词】

1. 中国烹饪协会 Zhōngguó Pēngrèn Xiéhuì 团体名称。

2. 中国工商联合会 Zhōngguó Gōngshāng Liánhéhuì 团体名称。

3. 中华商业信息中心 Zhōnghuá Shāngyè Xìnxī Zhōngxīn 机构名称。

4. 卫生部 Wèishēng Bù 中国国家机关名称。

【课文】

在对**众多**行业的比较中，如果被问到哪一个行业**赚**钱最快，人们十有八九会回答：开饭馆。理由是该行业**门槛**低，消费无**止境**，而且利润高，**回报**快。

来自中国**烹饪**协会的数据显示，目前，我国餐饮业经营**网点**已达 350 多万家，从业人员超过 1 800 万人，2002 年上半年全国餐饮业实现营业额 2 327.2 亿元，比上年同期增加 319.9 亿元，增长**幅度**为 15.9%，**增幅**比社会商品**零售**总额的增长多出 7.3 个百分点，餐饮业已成为国内消费需求市场中发展速度最快的行业。如今，可以毫不**夸张**地说，在我国任何一个城市，都可以**品尝**到全国各地不同风味的**菜肴**。

连锁发展提速　企业规模扩大

连锁经营作为一种新型的经营方式，在国际上得到广泛应用，肯德基、麦当劳在中国的连锁店已**分别**达到 600 家和 400 家，并有继续扩张之势。国外餐饮连锁店的发展对中国餐饮行业起到了重要的**启示**和**示范**作用。目前，全国各地具有一定规模的餐饮企业不断**涌现**，拥有几十家、上百家连锁店的餐饮企业越来越多，规模经营和规模效应的优势**日趋显现**，连锁经营已成为企业市场扩张与发展壮大的重要途径。如广东的“烧鹅仔”、上海的“小南国”，已成功地走上了餐饮连锁之路，形成了中国现代餐饮企业的第一**梯队**。此外，一大批颇具现代**气息**的中型餐饮连锁企业及中型现代餐馆正**迅猛**成长，如上海的“鲜墙房”、武汉的“小蓝鲸”、扬州的“福满楼”，中国餐饮业在国际化的竞争中开始**脱胎换骨**。据 2002 年中国烹饪协会、中国商业联合会和中华商业信息中心共同进行的“2001 年度中国餐饮百强企业信息发布”提供的信息，百强企业中有 79 家企业采用了连锁经营的方式，比上年增加了 38 家；其营业额占百强企业营业额的 85.6%，比上年增加了 26.8 个百分点，同时，2001 年度中国餐饮业前 100 名企业的营业额为 269.35 亿元，占 2001 年全社会餐饮业营业额的 6.2%，**同比**增加了 1.3 个百分点，显示出前 100 名行业**龙头**企业的规模正逐步扩大，其中年营业额超 10 亿元的企业比上年度增加了 1 家，超亿元企业增加了 14 家。

投资主体多元化　经营业态丰富多彩

随着中国餐饮企业的发展壮大，餐饮业投资**主体**也更趋**多元化**，企业资本投资逐步走向合资、股份等形式的社会多元化组合，企业结构也进一步向集团化方向迈进。目前在全国餐饮企业中，仅有 5%为国有企业，民营企业和个体企业占了大多数，外资企业也开始涌入，餐饮市场呈现出新老字号、大众餐饮和中西快餐多种**业态同步**竞争、共同发展的趋势。从目前企业经营业态看，除高档风味酒楼、中档特色餐馆、宾馆餐厅外，还有快餐送餐、**小吃排档**、休闲餐饮、各式饮品店和餐饮食品等形态，它们均具有**各自**的风格特征，拥有各自的市场**定位**，使餐饮市场更加**丰富多彩**，行业发展更趋多元化。

提高卫生质量　加强行业自律

餐饮行业的发展对扩大内需、拉动消费的作用**有目共睹**，但食品污染严重、环境卫生差和企业**恶性**竞争的问题，**的确**是**制约**餐饮行业发展的**瓶颈**。因此，行业自律、规划和指导作用需要进一步加强。同时，餐饮行业整体上的现代经营管理水平仍然较低，连锁经营不规范、连而不锁、连而无序的问题比较突出，具有国际竞争力的大型餐饮集团仍未形成。此外，餐饮行业人员整体素质偏低，也**妨碍**了餐饮业的健康快速发展。**基于**餐饮业存在的这些问题，以及餐饮行业能够拉动消费、繁荣市场和丰富人民生活的积极作用，目前各地政府都将餐饮业的发展作为重要的工程项目，如北京、天津、上海、吉林、四川、山东、安徽、重庆、广州、青岛、厦门等省市，均采取有效措施，为餐饮业的发展创造了良好的条件。

突出经营特色　提高竞争能力

"民以食为天"。食不厌精是中国人的传统，粤、川、鲁、淮扬等各大**菜系**闻名海内外。中国是烹饪大国，但还不是餐饮大国。对于中国餐饮市场的发展趋势，中国烹饪协会副会长阎宇表示：随着国家关于扩大内需等一系列政策措施的实施及经济形势的**稳步**发展，餐饮业将继续保持较快的发展**势头**。我国餐饮业发展空间依然很大，预计2002年全年营业额可保持16%左右的增长速度，增加额可超过650亿元，营业额将**突破**5 000亿元大关。

阎宇认为，餐饮市场的发展要**顺应**消费档次提高的**走势**。餐饮企业要不断适应人民生活与消费结构的变化，加大市场开拓力度。餐饮市场还要时时关注消费需求的个性化与市场细分化的特征，使企业经营特色进一步突出，品牌营销力度不断加强。另外，为应对入世后来自国外餐饮行业的挑战，应努力提高企业科技含量与管理者素质，以品牌为核心提高企业竞争力，以技术创新为核心进行战略部署，更好地推进品牌战略和规模发展的进程。

【注释】

一、在对众多行业的比较中

“行业”，与“职业”、“产业”意思相近，是容易混淆的词。三个词都是名词，都指社会工作。区别如下：

1. “行业”指的是职业的类别，一般指工商业中的类别，如“餐饮行业”、“服务行业”、“建筑行业”等（这样的搭配中，“行业”常省略作“业”），一个行业中可以有很多种职业；“职业”指个人在社会中所从事的作为重要生活来源的工作，如“工人”、“医生”、“职员”、“教师”等；“产业”是按社会生产活动历史的发展顺序来划分的，可分为第一产业、第二产业和第三产业，有时特指工业，如“机械制造产业”、“电子信息产业”、“石油化工产业”、“支柱产业”等。
2. “职业”可以组成“职业女性”、“职业学校”、“职业教育”、“职业病”等词语；“行业”可组成“行业语”、“行业协会”、“行业自律”等词语；“产业”可以组成“产业工人”、“产业部门”、“产业革命”等词语。
3. “职业”还有“专业的”意思，与“业余”相对，如“职业球队”、“职业运动员”、“职业军人”等；“产业”还可以指土地、房屋、工厂等财产（多指私有的）。
4. 有时单说“行”，泛指工作，理解成“行业”、“职业”都可以。如“各行各业”、“干一行，爱一行”、“三百六十行，行行出状元”等。

例如：

(1) 每个行业都有自己专门的用语，这就是“行业语”。

(2) 你理想的职业是什么?

(3) 小张今年刚从职业学校毕业。

(4) 第三产业指除第一、第二产业以外的其他各业，也称服务业或服务产业。

(5) 我国轿车工业年创产值达 4 200 亿元，包括相关产业在内，提供就业机会高达 1.5 亿个。

二、理由是该行业门槛低

“理由”，近义词是“原因”。两个词都是名词，都表示某种情况出现的根源，在句中都可以作主语和宾语。区别如下：

“理由”是人对于自己为什么这样做的解释和说明；“原因”强调的是某种情况出现的客观条件。

(1) 他已经通知你了，你没有理由不来参加聚会。

(2) 没有充分的理由，经理是不会同意让你休假的。

(3) 实验失败的原因还没找到。

(4) 由于种种原因，这次会议取消了。

三、增幅比社会商品零售总额的增长多出 7.3 个百分点

“社会商品零售总额”，是指一定时期国民经济各部门直接售给城乡居民和社会集团的消费品，售给农民的农业生产资料以及农民售给非农业居民的消费品的总和。

四、连锁经营作为一种新型的经营方式

“连锁”原意是像锁链似的，一环扣一环，形容连续不断。引申义指一个公司或集团的经营方式。一个公司（集团）开设的经营业务相关、方式相同的若干个商店，就是这个公司（集团）的连锁店。这种用不断开设业务相关、经营方式相同的商店来扩大规模的经营方式，就叫连锁经营。

例如：

(1) 目前，柯达公司已在中国开设了 8 300 多家连锁店。

（2）世界三大著名零售业巨头家乐福、沃尔玛、麦德龙都采用了连锁经营模式。

五、国外餐饮连锁店的发展对中国餐饮行业起到了重要的启示和示范作用

“启示”、“示范”两个词都是动词兼名词，都有把事物摆出来或指出来让人知道的意思。区别如下：

“启示”侧重于揭示道理，让人提高认识；“示范”侧重于做出某种行为或动作，让人模仿或学习。

例如：

（1）这本书启示我们什么样的人生才是有意义的。

（2）从比尔·盖茨的演讲中，我们得到了很多重要的启示。

（3）教练正在示范这套体操动作。

（4）他们不懂机器的操作方法，请你给做个示范。

六、显示出前100名行业龙头企业的规模正逐步扩大/规模经营和规模效应的优势日趋显现/餐饮市场呈现出新老字号、大众餐饮和中西快餐多种业态同步竞争、共同发展的趋势

“显示”、“显现”、“呈现”都是动词，都有显出、露出、表现出的意思，都可带名词性宾语或补语。区别如下：

1.“显示”是很明显地表现出来的意思，侧重在主动或有意的表现；“显现”侧重于自然地表露出来，常指事物由已存在的、隐蔽的事物显露出来，有一个逐渐清晰的过程；“呈现”应用范围较广，动作持续时间较长。

2.“显示”多与“才能、水平、力量、智慧”等表示抽象事物的名词搭配，用于具体事物仅同“数字”、“图像”、“踪迹”等少数词语搭配；“显现”多用于具体事物，有时也用于抽象事物，可以是积极的，也可以是消极的；“呈现”多用于可以直接看到的具体的形态（如景色、气氛、颜色、神情等），好坏、多少不限，或用于抽象事物（如局面、形势、趋势、势头等），且多用于积极方面。

3.“显现”和“呈现”不能带小句宾语；“显示”可以。

4.“显示”能构成“显示器”、“显示屏”等词语；“显现”和“呈现”不能。

例如：

（1）调查结果显示，有70%以上的员工支持公司这一决定。

（2）大批留学生来华学习，显示了我国综合实力的增强。

（3）雾散了，远处的群山逐渐显现出来。

（4）在商业化的冲击下，高雅艺术显现出衰落的趋势。

（5）近几年，来华留学生数量呈现上升趋势。

（6）船行在漓江上，桂林山水像一幅风景画般呈现在我们眼前。

七、投资主体多元化 经营业态丰富多彩

“业态”，指一个产业（企业）的业务经营形式，比如超市化经营、连锁经营、直销等。

例如：

（1）美国安利公司在中国的经营业态是店铺加特聘营销人员。

（2）中国药品经营常规业态是专业化店铺经营。

八、它们均具有各自的风格特征

“均”，副词，表示全、都的意思，常和“已”、“将”等副词搭配使用。多用于书面语。

例如：

（1）所有产品出厂前均已经过了严格的质量检测。

（2）本次代表中国参赛的5名选手均顺利进入半决赛。

（3）展销会的各项准备工作均已落实到位。

（4）到今年年底，这三条高速公路均将建成通车。

九、它们均具有各自的风格特征/突出经营特色 提高竞争能力

“特征”、“特色”都是名词，意思相近的还有“特点”，这三个词都指与众不同之处。区别如下：

1.“特征”指外表或形式上具体的、标志性的东西，可用于人，也可用于事物；

"特色"指事物独特的色彩、风格等，多用于文学、艺术及具有民族性和地方性的事物；"特点"适用范围广，包括人或事物各个方面的独特之处，内在的、外在的、具体的、抽象的，可以指优点，也可指缺点，一般用"特色"的地方都可用"特点"代替，但语义侧重点有所不同。

2. "特色"可以组成"特色旅游"、"特色服务"、"特色小吃"、"特色菜"等词语，"特征"和"特点"没有这个用法。

例如：

（1）他记住了凶手的面部特征。

（2）以网络化、知识管理、全球化为主要特征的新经济已是不可逆转的趋势。

（3）街道两边具有中国传统文化特色的旧书店、古玩店和字画店一个接着一个。

（4）近年来，北京郊区推出了一系列特色旅游项目，如住农家院、吃农家菜等。

（5）电视广告的特点是形象生动、辐射面广。

十、食品污染严重、环境卫生差和企业恶性竞争的问题，的确是制约餐饮行业发展的瓶颈

"的确"，副词，近义词是"确实"。两个词都表示客观情况真实可靠，在句中作状语，修饰动词或形容词。

例如：

（1）他今天的确/确实没来上班。

（2）这个电影的确/确实不错。

"确实"还是形容词，在句中可以作定语和谓语。还可以重叠成"确确实实"，表示可靠的程度更高，在句中作定语或补语。

例如：

（3）你得到确实的消息后，给我打电话。

（4）他说得确确实实，让人不能不相信。

十一、基于餐饮业存在的这些问题

“基于”组成的介词结构作状语，表示行为的依据。用于书面语。

例如:

（1）基于上述情况，旅行计划不得不取消。

（2）基于以上原因，本公司决定不再代销贵厂产品。

（3）基于合同期已满，且双方合作非常愉快，一致同意续约。

（4）科学家曾预言，21 世纪是“教育的世纪”。基于这种认识，一些国家纷纷增加对教育的投资。

十二、餐饮市场还要时时关注消费需求的个性化与市场细分化的特征

“市场细分化”，是指根据消费者需求的差异性，按照一定因素（标准），把某一整体市场分割为若干细分市场（子市场），供企业选择与确定目标市场的方法。

【练习】

一、根据课文选择正确答案。

1. 目前中国餐饮企业大部分是________。

A. 国有企业　　B. 中外合资企业

C. 民营和个体企业　　D. 外资企业

2. 关于餐饮业的发展情况，说法不正确的是________。

A. 有广阔的发展空间

B. 是国内消费需求市场中发展最快的行业

C. 经营业态多种多样

D. 具有国际竞争力的大型餐饮集团已经形成

3. 关于餐饮业存在的问题，没有提到的是________。

A. 竞争意识差　　B. 从业人员素质不高

C. 卫生状况有待提高　　D. 连锁经营不规范

4. 下面各项中不属于餐饮业发展有利条件的是________。

A. 国家扩大内需的政策　　B. 经济发展形势

C. 国外连锁经营的经验　　D. 消费者个性化需求的增加

5. 关于餐饮业的作用，本文中没有提到的是________。

A. 创造就业机会　　B. 繁荣了市场

C. 满足与丰富人民生活　　D. 扩大内需，拉动消费

二、根据课文解释下面句子中画线部分的意思。

1. 餐饮业发展驶入快行道。
2. 理由是该行业门槛低，消费无止境，而且利润高，回报快。
3. 中国餐饮业在国际化的竞争中开始脱胎换骨。
4. 显示出前 100 名行业龙头企业的规模正逐步扩大。
5. 投资主体多元化　经营业态丰富多彩。
6. 餐饮行业的发展对扩大内需、拉动消费的作用有目共睹，但食品污染严重、环境卫生差和企业恶性竞争的问题，的确是制约餐饮行业发展的瓶颈。
7. 连锁经营不规范、连而不锁、连而无序的问题比较突出，具有国际竞争力的大型餐饮集团仍未形成。
8. “民以食为天”。
9. 食不厌精是中国人的传统，粤、川、鲁、淮扬等各大菜系闻名海内外。

三、给下列句子中画线的部分选择合适的义项。

分别
A. 动词，离别
B. 动词，辨别，区分
C. 副词，不同地，有区别地
D. 副词，各自

(　　) 1. 那件衣服只有黑白两种颜色，是很容易与其他衣服分别的。

(　　) 2. 在分别的时候，他们都流下了眼泪。

(　　) 3. 两个人都犯了错误，但原因不同，该分别处理。

(　　) 4. 在本届奥运会上，中国选手分别获得男女乒乓球单打冠军。

回报

A. 动词，酬报，报答

B. 动词，报复

(　　) 1. 帮助别人不是为了得到回报，为什么要留名？

(　　) 2. 作为学生，优秀的成绩是对老师最好的回报。

(　　) 3. 他老做坏事，总有一天会有回报的。

气息

A. 名词，呼吸时出入的气

B. 名词，气味

C. 名词，比喻意味或情趣等

(　　) 1. 打开车窗，一股清香的泥土的气息扑面而来。

(　　) 2. 病人气息微弱，快给他吸氧。

(　　) 3. 她的床上摆着布娃娃，花瓶里插着盛开的鲜花，小屋里充满了生活气息。

(　　) 4. 在商业街的广场上，可以感受到这个大都市的时代气息。

突破

A. 动词，集中兵力向一点进攻或反攻，打开缺口

B. 动词，打破（困难、限制等）

(　　) 1. 在天亮以前，我们必须突破敌人的防线。

(　　) 2. 科学家对艾滋病的研究又有新的突破。

(　　) 3. 在导师指导下，我们突破一道道难关，得到了可靠的数据。

(　　) 4. 去年中国外贸出口突破 2 800 亿元。

定位

A. 动词，用仪器对物体所在的位置进行测量

B. 动词，把事物放在适当的位置并作出某种评价

(　　) 1. 现在京城的许多出租车都装有卫星<u>定位</u>系统。

(　　) 2. 中国快餐<u>定位</u>于中式快餐，是由中国饮食文化的民族性决定的。

(　　) 3. “长征二号 E”改进型运载火箭用于中、低轨道多星发射及轨道<u>定位</u>，目前已列入研制计划。

(　　) 4. 在城市建设<u>定位</u>时，要注意保持环境效益与经济效益、社会效益的统一。

四、选词填空。

众多	同步	增幅	提速	制约	发布
业态	幅度	突破	各自	夸张	

1. 今年要努力实现产值、利润和财政收入________增长。
2. 下个月，铁路旅客列车还将全面________。
3. 落后的交通状况，________了这里的经济发展。
4. 中国是一个有着________人口的农业大国。
5. 这个月，我厂产品的销售量有了大________的提高。
6. 这个演员的表演太________，一点儿也不自然。
7. 目前，中国餐饮业的经营________形成了丰富多彩的新格局。
8. 据国家统计局________的信息，今年我国将继续扩大利用外资。
9. 如今，姐妹俩都已大学毕业，并________找到了满意的工作。
10. 企业下岗职工再就业必须________旧的观念。
11. 本次问卷调查显示，居民的医疗保险、交通和通讯支出________较高。

五、辨析下列近义词并选词填空。

理由—原因　　行业—职业—产业　　呈现—显现—显示
启示—示范　　特色—特征—特点

1. 有这么好的学习条件，我们没有________不努力。
2. 她终于找到了一个满意的________。
3. 老师正在________仪器的使用方法。
4. 不知什么________，他最近总是睡不好。
5. 这本书给了我们很多重要的________。
6. 为了吸引顾客，这家餐厅推出了一系列________菜。
7. 要考虑到每个学生的________，进行有针对性的教学。
8. 节日的市场，________出一派繁荣的景象。
9. 在这篇小说中，作者充分________了他的创作才能。
10. 把纸放进药水中，上面的字迹逐渐____出来。
11. 他从事建筑________几十年，不过他不是设计师，只是一个普通工人。
12. 这一带的地理________是山地较多。
13. 由于________结构的调整，就业问题日益突出。

六、用指定的词语完成句子。

1. 她在农村住惯了，__________________。（密集）
2. __________________，我不同意你的方案。（基于）
3. 由于技术设备落后，__________________。（依然）
4. 改革开放以来，__________________。（日趋）
5. 谈话声音小一点儿，__________________。（妨碍）
6. 作为一个新兴的产业，__________________。（迅猛）
7. 这次考试，__________________。（均）
8. __________________，许多旅行社推出了特色旅游。（顺应）
9. 随着网络的发展，__________________。（涌现）

七、按照适当顺序排列下面句子。

1. A. 首先是卫生

   B. 居民对食品的要求

   C. 据有关部门对 300 多户居民的调查表明

   D. 其次是质量和花色品种

   ____

2. A. 在国际上广泛应用

   B. 并有继续扩张之势

   C. 肯德基、麦当劳在中国的连锁店已分别达到 600 家和 400 家

   D. 连锁经营作为一种新的经营方式

   ____

3. A. 麦当劳的食品只有 18 种

   B. 如牛肉饼使用 100%的本地纯牛肉制成

   C. 但是吃起来让人感到放心

   D. 它对原料和加工过程有严格的要求

   ____

4. A. 比如必须要实现标准化制作、工厂化生产、连锁式经营

   B. 需要解决的技术性问题还有很多

   C. 行业内人士认为中式快餐要真正成熟起来

   D. 这样才能从品种质量、卫生环境和经营管理上缩小与海外快餐之间的距离

   ____

5. A. 中国人餐桌上的内容正在发生变化

   B. 向营养型、新鲜型、简便型转变

   C. 越来越多的人发现

   D. 由原来的饱餐型

   ____

6. A. 但中餐宴席却由于菜肴一方面讲究营养的丰富

   B. 人体吸收的营养是有限度的

C. 使就餐者的营养摄入量大大超过了人体的吸收能力

D. 另一方面强调色、香、味的齐全

■ ______________________

八、综合填空。

中国是发展中国家，传统餐饮不可能在短时期内过渡到现代快餐。经济大大发展了，________人们对烹饪艺术的追求，一些传统餐饮________会继续存在。________，传统餐饮与现代快餐________要长期并存。传统餐饮与连锁、配送等现代化的经营方式结合起来，________会表现出较强的生命力。

A. 只要　B. 由于　C. 因此　D. 仍然　E. 即使　F. 也　G. 就

九、以"我看中国餐饮业"为题，写一篇小短文，字数在300字以上。

【副课文】

旅行社牵手驾车自助游

日前，本报记者随河北康辉自驾车俱乐部的32名成员驾车前往平山县温塘镇，开始今春的第一次自驾车踏青之旅。记者了解到，自驾车旅游作为自助旅游的一种主要方式，已经吸引了越来越多的人们去尝试。而由于旅行社的策划、组织和参与，人们的自驾车之游又有了很多与以往截然不同的感受。

自助出游呼唤专业帮助

就职于石家庄某外资企业的陈先生是自驾车旅游的积极拥护者。每逢假日，

陈先生都要拉上一家老小，快乐出游。“自己开车出游和坐大巴跟旅行社去的感觉完全不一样。驾车飞驰在高速公路上，那种和家人一起兜风的感觉好极了。”谈及自己的自驾车出游体验，陈先生心中的兴奋与愉悦之情溢于言表。“比如说去北京，300 公里的路程，驾车不到 3 个小时便到了。更重要的是，你想去哪儿就去哪儿，想在哪儿呆多长时间就呆多长时间，从市内的名胜古迹到郊外的青山绿水，一切都可以跟着感觉走。”

尽管快乐总比麻烦多，但谈起自驾车出游的种种不便，陈先生还是显得十分无奈：“首先是大都市交通复杂，尽管出门前掖了一份北京地图，想着或许能有备无患，但一上了立交桥，还是常常出现转来转去还是原地，或转来转去转不下来转不上去的情况。如果赶上出游高峰，买门票、订酒店就更麻烦了。”

有类似陈先生这样经历的人其实不在少数。据统计，目前仅石家庄市就拥有自驾车（轿车型）六万多辆，其拥有者大多数收入较高，综合消费水平和旅游消费能力也居市民前列，每年的旅游花费大都超过 5 000 元。因为座下有“宝马良驹”，出行便利，很多人都热中于自驾车出游。而在体验了几番自驾车旅游的苦乐甘甜之后，他们更希望在自助出游的同时，能够得到旅行社高质量、专业化的“帮助”服务。

专业帮助带来更多实惠

2003 年 3 月 9 日，一家由专业旅行社主办，石家庄市部分汽车服务保障单位协办的非企业联合体——康辉自驾车俱乐部，在石家庄市怀特广场举行成立仪式。记者了解到，俱乐部的准入门槛并不高，只要有车，再一次性交上 50 元的报名费，就万事大吉，只等着俱乐部在适当的时候，帮自己“呼朋引伴”，跟着大队人马浩浩荡荡驾车出游了。

俱乐部负责人陈虹女士告诉记者，参加“自驾车”旅游团，与自己“单枪匹马”地驾车旅游相比，沿路安全更有保障。出行前，俱乐部会派出专业人员提前“踩线”，熟悉沿途路况，避免走弯路、走冤枉路。此外，俱乐部还会请汽车专业维修人员对所有车辆进行检测，及时排除故障，避免车辆半路“撂挑子”。回城后车主们还可以把车开到市内的几家定点洗车场，凭会员卡享受优惠价洗车服务，洗去爱车的一路风尘。由于旅游前后的一切都有旅行社负责打点安排，旅游者可以玩得更省心，更放松。再就是可以享受会员价的门票和酒店住宿费用，旅游更实惠。此外，俱乐部可为全体会员提供或保存帐篷、滑雪板等许多家庭不具备或不易保存的旅游用品。

专业旅游帮助服务吸引了不少私家车主。记者了解到，俱乐部成立伊始，就有三百多名会员加盟。

事实上，旅行社介入自驾车旅游，还盯着一块更大的“蛋糕”，即通过延伸服务，帮助有车一族实现有效消费，同时拉动为自驾车旅游提供相应服务的各个行业市场。对旅行社来说，启动自驾车旅游这一特色市场，实现旅游市场细分，不仅可以开发有车族这部分特定客源市场，还可以为旅行社扩大市场份额、实现品牌扩张提供充足的客源和必要的市场准备。俱乐部负责人陈虹女士如是说。

记者了解到，俱乐部目前已经吸纳了二十余家网员单位，涉及汽车维修与保养、餐饮、健身、酒店、美容美发、百货等行业。凡是自驾车俱乐部的会员，不仅可以在汽车保养、维修等方面享受集团购买的实惠，降低汽车维护、保养、维修的成本，还可以在外出旅游、商务考察、公务出行甚至居家生活时享受到旅行社所提供的食、住、行、游、购、娱等一系列高质量、高标准的配套优惠服务。旅行社看好的是一块尚未“开垦”的市场，而私家车主们则得到了更多前所未有的专业“旅游帮助服务”。

帮您体验全新生活

业内人士认为，俱乐部表面上只是给会员提供了一种“优惠价”的服务，实际上则是以车为载体，以旅游为目标，在有车一族以及汽车爱好者中倡导了一种新颖的汽车消费文化。私家车主大多为高收入、高消费阶层，旅行社介入以自驾车为主的自助旅游，进行有效的消费引导，可以引导这部分人寻找到更广阔的休闲娱乐空间，提升生活质量。

俱乐部为车友们找到了一个交流和沟通的平台。以旅游为线索，以车会友，不定期举行的车友交流会不仅为俱乐部成员提供汽车保养、茶艺等知识讲座，还拓展了车友们以往有限的社交空间，给他们的工作和生活“创造”了更多机会。快人快语的王女士是一家时尚饰品商店的老板，她告诉记者，每开车出游一回，自己就很自然地“拉”回好多客户，生意做得很有“滋味”。“没想到一辆车给自己的生活带来这么多的美好感受。”

记者了解到，旅行社以俱乐部的方式介入自助旅游市场只是刚刚起步，如何将商业行为与自助休闲旅游结合，实现双赢，是旅行社无法回避的一个重要问题。而这一问题的有效解决，也将会影响旅游者能否享受到更专业、更细致、更能满足自己个性需求的服务。陈虹女士告诉记者，不同车型所有者的收入层次、消费需求、文化素养和兴趣爱好等是不同的，目前俱乐部正考虑如何将俱乐部成员进一步“细分”，针对不同层面的会员举办不同的活动，这或许是目前能够更好满足会员个性化旅游需求的一个有效办法。

第六课 传统企业与电子商务

目前，越来越多的传统企业认为，以网络化、知识管理、全球化为主要特征的新经济已是不可逆转的趋势，电子商务化已成为企业发展的必由之路。本文认为电子商务是大势所趋，只要是面向市场的企业，都应当具备进行电子商务的基础。文章还具体介绍了传统企业电子商务化的步骤与途径。

【生词】

1 **逆转** nìzhuǎn（动）向相反的或坏的方向变化。

2 **电子商务** diànzǐ shāngwù electronic commerce 利用因特网进行的商务活动。

3 **周期** zhōuqī（名）cycle

4 **误区** wùqū（名）较长时间形成的某种错误认识或错误做法。

5 **网站** wǎngzhàn（名）某个企业、组织或个人在因特网上的虚拟站点，一般由一个主页或许多网页构成。

6 **网页** wǎngyè（名）web page 可以在因特网上进行信息查询的信息页。

7 **宣传** xuānchuán（动）对群众说明讲解，使群众相信并跟着行动。

8 **运作** yùnzuò（动）（组织、机构等）进行工作；开展活动。

9 **单纯** dānchún（形）简单，不复杂。

10 **预示** yùshì（动）在事情发生之前显示出来。

11 **涉及** shèjí（动）关联到。

12 **周转** zhōuzhuǎn（动）turn over

13 **加盟** jiāméng（动）加入某个组织或团体。

14 **意识** yìshí（动）根据某种迹象感觉到。

15 **大势所趋** dà shì suǒ qū trend of the times 整个事情发展的趋势。

16 **淘汰** táotài（动）去掉坏的，留下好的；去掉不合适的，留下合适的。

17 **具备** jùbèi（动）≈具有 有，具有。

18 **采购** cǎigòu（动）选择购买（多指为机关或企业）。

19 **配送** pèisòng（动）distribution delivery　一种营销方式，把某一类货物搭配好并负责运送。

20 **免得** miǎnde（连）so as not to

21 **落伍** luòwǔ 人或事物跟不上时代。

22 **行驶** xíngshǐ（动）（车、船）行走。

23 **咨询** zīxún（动）征求意见。

24 **共识** gòngshí（名）共同的认识。

25 **认同** rèntóng（动）≈认可　承认，准许。

26 **实时** shíshí live；real-time　在某事发生、发展过程中的同一时间。

27 **设计** shèjì（动）在正式做某项工作前，根据一定的目的要求，先制定方法、图样等。

28 **整合** zhěnghé（动）通过整顿重新组合。

29 **规划** guīhuà（名）≈计划　长远的发展计划。

30 **模式** móshì（名）pattern；model　某种实物的标准形式或使人可以照着做的标准样式。

31 **重组** chóngzǔ（动）重新组合。

32 **链** liàn（名）chain

33 **衍生** yǎnshēng（动）演变发生、产生。

34 **循序渐进** xúnxù jiànjìn（学习、工作）按照一定的步骤慢慢深入或提高。

35 **优化** yōuhuà（动）加以改变或选择使变好。

36 **流程** liúchéng（名）technological process　工业品生产的程序。

37 **切实** qièshí（形）down-to-earth；practical　实实在在。

38 **可行** kěxíng（形）可以实行的。

39 **方案** fāng'àn（名）工作的计划。

40 **确保** quèbǎo（动）ensure；guarantee　一定要保证。

41 **理念** lǐniàn（名）思想、观念。

【专有名词】

1. **通用电气公司** Tōngyòng Diànqì Gōngsī 企业名称。
2. **海尔** Hǎi'ěr 企业名称。
3. **科龙** Kēlóng 企业名称。

【课文】

目前，越来越多的传统企业认为，以网络化、知识管理、全球化为主要特征的新经济已是不可**逆转**的趋势，**电子商务化**已成为企业发展的必由之路。美国通用电气公司就是一个很好的例子：自1999年把公司业务电子商务化后，预计今年将增加收入50亿美元。

传统企业在电子商务化过程中，要分析自己产品的生命**周期**、自己的竞争能力，并且清楚自己距离电子商务有多远，这样才能更好地电子商务化。不要以为企业电子商务化后就能解决所有问题，一定要有选择地去做。

传统企业电子商务化趋势不可逆转

许多传统企业在电子商务化过程中存在一些**误区**：有的以为电子商务就是电子交易，即建一个**网站**卖自己的产品；有的甚至以为电子商务只是建一个**网页**，作作**宣传**而已。其实企业电子商务强调的是在网络环境下的商业化**运作**，这不仅仅是一种**单纯**的交易，而是把买家、卖家、厂商和合作伙伴通过因特网、企业内部网和企业外部网全面联系起来的一种商业行为。简单地说，电子商务就是利用全球化的因特网络进行商业活动，它不是单纯的技术问题，而是一次新的经济革命，**预示**着新的经济增长方式的出现。

电子商务不仅包括商务和服务的网上交易，还**涉及**从“供”到“需”的整个社会生产的各个环节。电子商务不但可以降低经营成本，加速资金**周转**，改善管理服务水平，还可以提高企业的市场适应能力。此外，电子商务还包括企业内部的商务活动，如生产、管理、财务以及企业间的商务活动。

中国电子商务的发展如果没有传统企业的**加盟**，电子商务热就只能停留在纸面上。传统企业应真正**意识**到电子商务的重要性，明白电子商务是**大势所趋**，如果不加入就会很快被市场**淘汰**。只有大型的传统企业加入到电子商务中来，电子商务才真正有意义。

传统企业距离电子商务有多远

目前，海尔、科龙等企业都在搞电子商务，那么这些企业是否**具备**电子商务的基础呢？中国的企业无论什么经济形态，只要是面向市场的企业，都应当具备进行电子商务的基础。国内的一些企业进行电子商务更多是投资建设一个网站，与自己的主营业务结合起来。这跟国外一些大的企业进行电子商务化还不一样，例如国际三大跨国汽车公司就联合上网**采购**、**配送**和销售，他们开展电子商务活动的最大目的是节省费用，增加收入，并不像国内有些企业那样，只是为了引起大家注意，**免得**别人把自己看做**落伍**者。

传统企业并不是都要马上实现电子商务化，电子商务好比一条高速公路，并不是所有的“汽车”都适合在上面“**行驶**”。在这方面**咨询**公司可以做两件事，一是帮助传统企业，使其具备在高速公路上“行驶”的条件；二是帮助传统企业在高速公路上跑得更快,了解各种“交通规则”，也就是让企业能更好地适应不断变化的环境，具有创新和变革的能力。

传统企业如何实现电子商务化

传统企业要实现电子商务化，首先要在企业内部形成**共识**，特别是要得到决策者的支持，这是企业进行电子商务化的关键；其次是企业要有一定的计算机软硬件条件，具备相对完善的网络系统，这是企业进行电子商务化的前提；最后要看企业的外部环境，比如作为制造业来讲，就是上下游企业能不能配合企业的电子商务化，如果他们不**认同**的话，即使单独搞出来了，发挥的作用也不会太大。

一般来讲，企业进入因特网的第一步，是建立网站介绍自己的产品和服务。进入因特网的第二步，是允许网站访问者与公司之间产生互动，即通过**实时**通讯、网上聊天室、信息公告牌等形式实现信息的互相交流。接下来可以在因特网上**设计**公司产品的目录，并且允许网上订货和支付。更进一步将会涉及到与企业后台业务的**整合**，特别是要实现与企业资源**规划**系统 ERP（Enterprise Resource Planning）的连接。

企业进入网络经济的最高阶段是与创新紧密相连的。这预示着企业已经进入全面网络经济的时代。企业利用已知的或全新的电子商务**模式**来联系客户，同时也对企业自身进行全面的**重组**。企业间传统价值**链**的相互重组，将**衍生**出高度专业化及网络化的虚拟企业。

传统企业电子商务化有三种途径。企业实现电子商务化既可以从一个阶段向另一阶段**循序渐进**式前进，也可以沿着发展的道路跳跃式前进。因为网络经济**优化**了业务**流程**，选择跳跃式前进是**切实可行**的。第三种，也许是最困难的方法，是直接进入网络经济。这种**方案**虽然成本最高，但确实能使企业处于行业领先的地位，并**确保**企业在竞争中取得优势。这三种方法都是可行的，企业可以根据自身能力、**理念**和客观需要作出选择。

【注释】

一、越来越多的传统企业认为/不要以为企业电子商务化后能解决所有问题

“认为”和“以为”是近义词，两个词都是动词，都可指对人或事物作出判断，表明自己的看法或态度。区别如下：

1. “认为”指经过分析思考后作出的判断，语气比较肯定；“以为”表示对某种事物的主观判断，有时候不一定是对的，语气不太肯定，比较随便。
2. “认为”的对象可以是重大的或科学性很强的事物，也可以是一般的小事，动作发出者可以是人，也可以是某一团体、文章或会议等；“以为”的对象多为一般事物，动作的发出者常常是个人。
3. “认为”可以用于“被”字句，构成“被……认为……”、“被认为”；“以为”前面不能用“被”，只能用“让”，构成“让……认为……”。

例如：

(1) 文章认为电子商务化是必然的趋势。

(2) 听录音被认为是学外语的一个好方法。

(3) 我以为他不想去，其实他一直在等这个机会。

(4) 小张以为这个工作完成得很好，没想到被主任批评了一顿。

二、以网络化、知识管理、全球化为主要特征的新经济已是不可逆转的趋势

介词“以”和动词“为”搭配构成“以……为……”格式。这是一个来自古汉语的格式，现在常用于书面语。有两种用法：

1. 相当于“把……当作（作为）……”。

例如：

(1) 王教授以入世后的保险业为题作了一次学术讲座。

(2) 他不喜欢现在的工作，常以身体不好为由不去上班。

(3) 汉语普通话是以北京音为标准音的。

(4) 上个世纪80年代，以肯德基和麦当劳为代表的西式快餐开始进入中国。

2. 相当于“要数”、“要算”，表示比较起来怎么样。“为”后多是形容词。

例如：

（5）中国省一级的行政区划中以新疆维吾尔自治区的面积为最大。

（6）来华留学生以韩国学生数量为最多。

三、有的甚至以为电子商务只是建一个网页，作作宣传而已。

“而已”，助词，表示“不过如此”，有把事情往小里说的意思。只能用在陈述句的末尾，前面常有“只”、“不过”、“仅仅”、“无非”等词与之相应。多用于书面语，口语用“罢了”。

例如：

（1）我只是跟你开个玩笑而已，你可别生气啊。

（2）他在公司里仅仅是一般职员而已，帮不了你的忙。

（3）小王的文章也不错，只不过比你的短一点而已。

（4）这次去西安，无非是去看看而已，不会久留。

四、加速资金周转

企业的资金从投入生产到销售产品而收回货币，再投入生产，这个过程一次又一次地重复进行，叫做周转。周转所需的时间，是生产时间和流通时间的总和。

五、只有大型的传统企业加入到电子商务中来，电子商务才真正有意义/只要是面向市场的企业，都应当具备进行电子商务的基础

“只有……才……”与“只要……都（就）……”都表示条件。区别如下：

1. “只有”强调这是惟一的条件，除了这个条件以外，其他条件都不行；“只要”表示的是具备了这个条件就够了，当然也还可以有别的条件。
2. 在用“只有……才……”的句子中，强调的是条件；在用“只要……都（就）……”的句子中，强调的是后面的结论或结果。

例如：

（1）只有报过名的同学，才可以参加明天的活动。

(2) 只有提前预订并付过款，他们才会把产品送到家中。

(3) 只有去过杭州，你才会知道那里的风景有多美。

(4) 明天的活动只要想参加，都可以参加。

(5) 你只要打一个电话，他们就会把产品送到家中。

(6) 只要去过杭州，都忘不了西湖。

六、中国的企业无论什么经济形态

“形态”，近义词为“形状”，两个词都是名词，都表示事物的外表。区别为：

“形态”可以指抽象事物的表现（这时一定带修饰成分，如意识形态、观念形态、文化形态、经济形态等），也可以指生物体外部的形状和神情；“形状”指的是物体或图形由外部的面或线条组成的外表。

例如：

(1) 这些布娃娃形态逼真，非常惹人喜爱。

(2) 胡同和四合院，是北京市民的居住方式，也是北京市民的文化形态。

(3) 意识形态是在一定经济基础上形成的人对于世界和社会的有系统的看法和见解。

(4) 你买的桌子是什么形状的，圆的还是方的？

(5) 这座山的形状像一个笔架，所以被称作“笔架山”。

七、只要是面向市场的企业，都应当具备进行电子商务的基础

“具备”，动词，意思是应该有的都有。近义词为“具有”。两个词都有“有”的意思。区别如下：

1. “具备”含有完备、齐备的意思，常与比较具体的可以有多项内容的条件、资格、能力、素质、性能等词搭配。“具有”只表示存在，除用于具体事物外，还用于意义、价值、作用、信心、风格、品质、本领等抽象事物，适用范围比“具备”大。用“具备”的地方，一般可以换成“具有”，但语义略有不同。
2. “具备”可用“完全、初步、基本”等表示范围的词修饰；“具有”后边的名词前常用“很大、明显、很高、很强”等表示程度的词修饰。

例如：

（1）他完全具备了一名优秀律师应有的素质。

（2）目前我们公司已初步具备了上市的条件。

（3）这种疾病具有很强的传染性。

（4）在竞争中，大企业具有明显优势。

八、他们开展电子商务活动的最大目的是节省费用

“节省”，动词，使可能被消耗的不被消耗或少消耗。近义词是“节约”。两个词都是动词。区别如下：

1. “节省”多用于比较具体的事物和比较小的范围；“节约”多用在比较大的范围或对象。
2. “节约”可以带动词宾语，“节省”不行。

例如：

（1）为了节省/节约时间，他平时很少看电视。

（2）开这种汽车可以节省汽油。

（3）为了节约能源，有些国家采用了“夏时制”。

（4）我们要节约用水。

九、免得被别人看做是落伍者

“免得”，连词，用在复句后一个分句的开头，主语往往承前省略。表示按前一分句说的去做，就能避免发生某种不希望发生的情况。

例如：

（1）下雪天你最好早点儿走，免得路上堵车。

（2）企业员工应该常给自己“充充电”，免得在竞争中被淘汰。

（3）写完报告以后多检查两遍，免得出错。

（4）你的手机不要关，免得有事找你时联系不上。

十、一般来讲，企业进入因特网的第一步，是建立网站介绍自己的产品和服务

“一般来讲”，插入语，强调事物在普遍条件下的特点和情况，多用于总结和概括。也可以说成“一般来说”、“一般说来”。

例如：

（1）一般来讲，经常运动的人不容易生病。

（2）同老年人相比，一般来讲，青年人更喜欢贷款买车。

（3）一般说来，普通消费者还是喜欢购买国产彩电。

（4）一般来说，女性的语言能力比男性强。

十一、更进一步将会涉及到与企业后台业务的整合，特别是要实现与企业资源规划系统 ERP 的连接

“规划”，作为名词，指长远的发展计划；作为动词，指制定长远的发展计划。近义词是“计划”。“计划”，作为名词，指工作或行动前制定的具体内容和步骤；作为动词，指制定工作内容或行动步骤。区别：

1. “规划”只能用于比较大的建筑项目、事业的长远发展等，不能用于个人；“计划”可以用于比较重大的事情，也可以用于个人的一般的事。
2. “规划”可以带名词或动词作宾语；“计划”只能带动词宾语，不能带名词宾语。
3. “规划”常与“长远、城市、发展、订”等词搭配；“计划”常和“工作、行动”等词搭配，还可以构成“计划经济”一词。

例如：

（1）市政府召开会议，规划了几项重点市政工程。

（2）代表们认真讨论了城市发展规划。

（3）我们计划下个星期召开一次研讨会。

（4）这是我们的销售计划。

十二、将衍生出高度专业化及网络化的虚拟企业

“虚拟企业”，这一概念最早出现于美国里海（Lehigh）大学艾科卡（Iacocca）研究所三位学者普瑞斯、戈德曼和内格尔的名为《21世纪制造企业研究：一个工业主导的观点》的报告中。目前，学术界对于究竟什么是虚拟企业还没有达到认识上的统一。但一般认为，虚拟企业是一些独立的厂商、顾客，甚至竞争对手，以商业机遇中的项目、产品或服务为中心，充分利用各自的核心能力，以合作协议、外包、战略联盟、特许经营或许可，甚至成立合资企业的方式所构建的以营利为目的的、动态的、网络性的经济组织。虚拟企业区别于传统企业最明显的特征，首先是其特有的适应性和灵活性；其次，虚拟企业是以产品或项目为导向的，组建的依据是各成员方的核心能力，而非成本或旧有的关系。因此，协调各成员方对资源的合理使用成为虚拟企业管理的重点之一；第三，虚拟企业的成员可能跨越不同的地域、时区等，这就使得虚拟企业对信息及通讯技术提出了较高的要求。

十三、这三种方法都是可行的

“可行”，形容词，意思是行得通，可以实行。“可”是一个构词能力比较强的语素，可以像词缀一样出现在其他语素的前面，位置相对固定，但又不像词缀（如老、阿、第、初、子、头、儿等）那样虚化，意义还比较实在。类似的语素还有“再”、“反”、“非”、“见”、“者”、“家”、“师”等。语言学界倾向于把这些语素都看做是一类特殊的词根，是构词能力较强、位置相对固定的语素。

1.“可”放在动词前面，表示可以、值得的意思，有肯定的语气。

例如：

可爱　可气　可恨　可耻　可悲　可恶　可怜　可怕

可笑　可惜　可喜　可笑　可憎　可行　可靠　可取

可见　可观　可谓

这些词一般是形容词，如“可爱”、“可气”等，也有的既是形容词，又是动词，如“可怜”。

2. “可”放在名词前，组成形容词，表示适合。

例如：

可口　可意　可身　可体　可心

【练习】

一、根据课文判断下面句子对错，并在括号内画“✓”或“×”。

(　　) 1. 电子商务就是通过因特网宣传自己的产品。

(　　) 2. 电子商务涉及了供需方面的各个环节。

(　　) 3. 参与电子商务的只有买家和卖家。

(　　) 4. 传统企业加入电子商务有利于企业的发展。

(　　) 5. 只有大型企业才可以加入电子商务。

(　　) 6. 目前中国国内企业进行电子商务的目的是为了节省费用，增加收入。

(　　) 7. 所有传统企业都应该立刻实现电子商务化。

(　　) 8. 网上定货和支付，是传统企业进入因特网首先要做的事。

(　　) 9. 虚拟企业是高度专业化和网络化的企业。

(　　) 10. 选择跳跃式前进的途径实现电子商务化是最困难的方法。

二、根据课文解释下面句子中画线部分的意思。

1. 电子商务化已成为企业发展的<u>必由之路</u>。
2. 中国电子商务的发展如果没有传统企业的加盟，电子商务热就只能<u>停留在纸面上</u>。
3. 传统企业应真正意识到电子商务的重要性，明白电子商务是<u>大势所趋</u>。
4. 传统企业<u>距离电子商务有多远</u>？
5. 并不像国内有些企业那样，只是为了引起大家注意，免得别人把自己看做<u>落伍者</u>。
6. 传统企业并不是都要马上实现电子商务化，电子商务好比一条高速公路，并<u>不是所有的“汽车”都适合在上面“行驶”</u>。

7. 二是帮助传统企业在高速公路上跑得更快，了解各种“交通规则”，也就是让企业能更好地适应不断变化的新环境，具有创新和变革的能力。
8. 比如作为制造业来讲，就是上下游企业能不能配合企业的电子商务化。
9. 企业实现电子商务化既可以从一个阶段向另一阶段循序渐进式前进，也可以沿着发展的道路跳跃式前进。

三、熟读并解释下列词语。

网站	网页	网址	网吧	网虫
网迷	网友	网民	上网	下网
因特网	因特网	万维网	网络化	网络语言
网上交易	网络环境	网络系统	网络经济	网络计算机

四、给下列句子中画线的部分选择合适的义项。

单纯

A. 形容词，简单，不复杂

B. 副词，单一，只注意

(　　) 1. 这个女孩子思想很单纯。
(　　) 2. 如果单纯追求数量而不顾质量，我们会失去顾客。
(　　) 3. 这件事并不像你想的那么单纯。
(　　) 4. 劳动力多也是优势，不能单纯看做是负担。

意识

A. 名词，人的头脑对于客观物质世界的反映

B. 动词，根据某种迹象而感觉到

(　　) 1. 他一开始就意识到了这件事的重要性。
(　　) 2. 我们一定要树立竞争意识。
(　　) 3. 我忽然意识到自己说错了。

(　　) 4. 经过抢救，病人的意识渐渐恢复了。

高度

A. 名词，高低的程度

B. 形容词，程度很高的

(　　) 1. 这座楼的高度是 209 米。

(　　) 2. 在会上，领导高度评价了他的研究成果。

(　　) 3. 环境污染问题已经引起了全社会的高度重视。

(　　) 4. 在植树活动中，大家表现出高度的劳动热情。

认同

A. 动词，认为跟自己有共同之处而感到亲切

B. 动词，承认，认可

(　　) 1. 对这一成果，专家们表示认同。

(　　) 2. 来民族园参观的各族游客都有一种强烈的民族认同感。

(　　) 3. 他们的这种做法，得到了大多数人的认同。

(　　) 4. 有政府的支持和群众的认同，古城的保护工作一定会搞好。

五、选词填空。

加盟	确保	免得	领先	咨询	设计
宣传	预示	供应	涉及	优化	淘汰

1. 企业为了________新产品，投入了大量的广告费。
2. 这种型号的产品由于销路不好，已经被________。
3. 我们将进一步开放国内市场，________投资与贸易环境。
4. 厂长在讲话中________了提高产品质量的问题。
5. 我们向法律专家________了有关的问题。
6. 必须采取一切措施，________按时完成任务。

7. 因特网的迅速发展，________着网络化时代的到来。
8. 王工程师只用五天时间就________出了这项工程的图纸。
9. 由于著名球星________，本队实力大大增强。
10. 节日市场的蔬菜________很充足。
11. 你的字写得清楚点儿，________别人看不懂。
12. 上半场比赛 1:0，国安队________。

六、辨析下列近义词并选词填空。

认为—以为	形状—形态	具备—具有
节省—节约	规划—计划	

1. 经过培训，她基本________了医务工作者的素质。
2. 这种新产品________很高的科技含量。
3. 他用平时________下来的生活费买书。
4. 请注意________用电。
5. 他们________每个办公室再安装一台电脑。
6. 这位专家曾经________过几项重要的水利工程。
7. 我喜欢这个手机的________，可是对它的颜色不太满意。
8. 社会意识________包括政治、法律、哲学、道德等等。
9. 我________十点出发没问题，没想到路上堵车，结果晚了半个小时。
10. 会议________国有企业改革是大势所趋，势在必行。

七、模仿下列句子，用括号里的词语造句。

1. 越来越多的传统企业认为，以网络化、知识管理、全球化为主要特征的新经济已是不可逆转的趋势。（以……为……）
2. 有的甚至以为电子商务只是建一个网页，作作宣传而已。（……而已）
3. 它不是单纯的技术问题，而是一次新的经济革命，预示着新的经济增长方式的出现。（不是……而是……）

4. 电子商务不仅包括商务和服务的网上交易，还涉及从“供”到“需”的整个社会生产的各个环节。（不仅……还……）
5. 中国电子商务的发展如果没有传统企业的加盟，电子商务热就只能停留在纸面上。（如果）
6. 只有大型的传统企业加入到电子商务中来，电子商务才真正有意义。（只有……才）
7. 中国的企业无论什么经济形态，只要是面向市场的企业，都应当具备进行电子商务的基础。（无论……只要……都……）
8. 一般来讲，企业进入因特网的第一步，是建立网站介绍自己的产品和服务。（一般来讲）

八、按照适当顺序排列下面句子。

1. A. 并且清楚自己距离电子商务有多远

   B. 要分析自己产品的生命周期、自己的竞争能力

   C. 传统企业电子商务化过程中

   D. 这样企业才能很好地电子商务化

   ____

2. A. 只好大量进货

   B. 传统的经营者为了压低进货成本

   C. 而且商品的存放、盘点也需要很大的库容和人力

   D. 这不仅会带来相当大的资金压力和经营风险

   ____

3. A. 因为用户既可以通过网络付款

   B. 网上电子商场是最佳的选择

   C. 也可以通过网络来下载所购的物品

   D. 对于计算机软件、电子图书等方面的经营者来说

   ____

4. A. 一条狗能在百米之外认出你来
   B. 但正如一位专家所指出的那样
   C. 而电脑却连你在它身边都不知道
   D. 尽管今天电脑的功能已经使我们大为惊叹了

5. A. 那么社区电子商务却是在服务于普通的市民
   B. 这种服务一方面给市民日常购物带来方便
   C. 如果说电子商城的开设更多是服务于企业的话
   D. 另一方面通过社区组织有可能解决电子商务面对的信用评估、安全支付等问题

6. A. 电子商务就是利用全球化的因特网络进行商业活动
   B. 预示着新的经济增长方式的出现
   C. 而是一次新的经济革命
   D. 它不是单纯的技术问题

九、根据以下提示写一篇小文章（300字以上）。

1. 什么是电子商务？
2. 电子商务包括哪些内容？
3. 企业怎样才能电子商务化？

【副课文】

电子商务迎来春天

自2000年中期开始，当股市跌落将网站逼至倒闭边缘时，新兴的电子商务业也一度跌入低谷。到了2002年，网络银行家、分析师——这些商务界的风云人物成为政府调查的对象。学术界甚至宣称色情文学、赌博、药品交易以及相类似的活动在电子商务中占了70%。然而我们不可否认，现在因特网已经前所未有地将人类、商务更密切地联系起来，使远隔千山万水的商务贸易能在瞬间完成。它不仅仅帮助企业减少运营成本，同时也在加速技术革新的步伐，推动生产效率的提高。正如英特尔公司芯片制造部门的主席安德鲁·戈若夫 (Andrew S.Grove）所说：“我们以往对因特网的种种幻想都在逐步转换成现实。”

然而电子商务带来的不仅仅是这些。1999年（.com鼎盛时期），业内预测到2003年美国电子商务的规模将达到1.3万亿美元。然而就目前的情形来看，这些分析家大大低估了电子商务的发展速度。据研究机构Forrester的数据显示，现在美国仅是B to B（Business to Business）电子商务的交易规模就已经达到了2.4万亿美元。Forrester曾经在1999年大胆预测，到2003年美国C to B (Consume to Business）电子商务的规模将达到1 080亿美元。经济的衰退、恐怖活动和战争并没有遏制C to B的发展势头，2003年这一市场的规模依然有望达到950亿美元，接近于研究机构Forrester的数据。对投资者来说，这无疑很具有戏剧性——当他们从因特网市场撤资时，电子商务市场却趋于成熟。

在提高生产效率方面，电子商务的前景更是看好。布鲁金斯学会(Brookings Institution）几年前宣称电子商务带来的收入2005年将达到2 500亿美元。但是这个预测显然过低了。由于电子商务的采用使生产效率普遍提高，

2002年的收入总额便已超出了该数字，到2005年后每年将新增4 500亿美元。而且网络为消费者带来了更低的价格，届时美国消费者将相当于每年增加了4 500美元的收入。

与此同时，那些一度陷入困境的因特网公司也开始走出沼泽。2002年第四季度，在幸存下来的网络公司中有40%已经开始赢利。另一方面，曾经为因特网公司带来滚滚财源的网络广告业也在逐步复苏。据华尔街分析家的预测，在公开上市的因特网公司中将有一半的公司于2003年底实现赢利。这引发了投资者对网络股票的再度追捧。

当然，在谨慎的同时，依然有一些更为大胆的新计划在酝酿之中，而这很可能将是下一代电子商务的雏形，其涉及的领域包括制药、医疗诊断、货物跟踪等等。随着电子商务新系统以及新技术的应用，届时企业的生产效率将普遍提高。

此外，一些比较有利的因素也在推动电子商务的发展。首先电子商务的发展需要良好的基础设施，而网络技术的日新月异以及宽带的普及无疑将满足这一需求。去年，美国的宽带用户已经达到了1 900万，2004年更是有望突破4 000万大关。而在加拿大、日本以及韩国，宽带用户普及率更是惊人。更快的连接速率正在悄悄改变着消费者的行为，消费者更加愿意在因特网上流连、购物。据研究机构 Forrester 的调查，宽带用户在网上的停留时间比拨号用户要长 58%，而在电子商务上的开支也要高出 37 个百分点。最近名噪一时的无线新技术 Wi-Fi9 无线局域网更是将消费者以及企业用户每时每刻地接入因特网，进一步方便了人们的电子商务交易。

当然，电子商务的进一步发展还会遭遇不少困难。比如，政府有关波谱用途的决策便足以扼杀电子商务领域的一些技术革新，如著名的无线网络技术 Wi-Fi。法庭有关共享音乐档案的决策也足以压制在线收听音乐的行为。有关隐私、自由言论的不同观点与电子商务的广泛性相冲突。由于大多数国际网站都立足于向传统的亚洲和中东地区发展，类似的冲突极有可能再度发生。但是最大的挑战来自文化方面。早期发展电子商务的公司已经意识到昂贵的新系统很难赢得雇员的认可，并极有可能制造混乱、挑起事端。雇员们认为他们只能适合旧的方式。为获取更大的收益，公司必须重新设计他们的商业程序，充分利用新系统的优势并千方百计使雇员接受新生事物。1999 年，美国通用汽车公司（General Motors Corporation）便有过类似的教训，当时他们打算效仿戴尔公司发展电子商务。尽管这个初衷很富吸引力，但是当执行总裁意识到他们必须说服零件制造商接受全新的网络世界并在全国范围内重新培训经销商时，最终放弃了这项决策。

戴尔、思科系统公司的数据表明，随着公司围绕着新技术展开策略调整，生产力迅速增长。思科系统公司的执行总裁约翰·沙木布斯（JohnT.Chambers）声称，安装新系统之后生产力的增长速度令人难以置信。他预测，随着美国电子商务的发展，每年生产力还会再增长 1%到 3%，甚至会达到 5%，在 14 年里会使美国的平均生活水平翻两番。

第七课 入世了，农业怎么办

中国是一个古老的农业大国。13亿人口中，农村人口占了近70%。农业是国民经济的基础。改革开放以来，中国农业取得了很大成就，农业产值、产量迅速增长，产业结构发生巨大变化，劳动力大量流向非农产业，迈出了中国农村工业化和现代化的第一步。2001年，中国加入了世界贸易组织（简称入世）。面对更多的机遇和挑战，中国农业将如何表现？

【生词】

1 **根基** gēnjī（名）基础。

2 **承诺** chéngnuò（动）对某件事答应照办。

3 **把握** bǎwò（动）抓住（抽象的东西）。

4 **潮流** cháoliú（名）社会发展趋势。

5 **关税** guānshuì（名）customs duty　国家对进出口商品所征的税。

6 **大宗** dàzōng（名）数量大的产品、商品。

7 **配额** pèi'é（名）quota　分配的数额。

8 **征收** zhēngshōu（动）政府依法向个人或单位收取的税款等。

9 **高额** gāo'é（名）很大的数额。

10 **垄断** lǒngduàn（动）monopolize　控制贸易，独占市场。

11 **施行** shīxíng（动）≈实施　按照某种方法去做。

12 **补贴** bǔtiē（名）subsidy；allowance　从经济上贴补的费用。

13 **限制** xiànzhì（名）≈限定　规定的范围。

14 **郑重** zhèngzhòng（形）严肃认真。

15 **缺乏** quēfá（动）≈缺少　（所需要的、想要的或一般应有的事物）没有或不够。

16 **质优价廉** zhìyōu jiàlián 质量好，并且价格便宜。

17 **约束** yuēshù（动）限制使不超出范围。

18 **宏观** hóngguān（名）↔微观　大范围或涉及整体的。

19 **市场准入** shìchǎng zhǔnrù market access

20 **调控** tiáokòng（动）调节控制。

21 **给予** jǐyǔ（动）（用于书面语）给。

22 **棉花** miánhuā（名）cotton 一种农作物。

23 **小麦** xiǎomài（名）wheat 一种粮食作物。

24 **玉米** yùmǐ（名）corn 一种粮食作物。

25 **主产区** zhǔchǎnqū 农作物等主要的出产地方。

26 **调** diào（动）allocate 调动拨付（多指物资）。

27 **灾难** zāinàn（名）suffering

28 **密集** mìjí（形）concentrated; crowded together 数量很多地聚集在一起。

29 **顺差** shùnchā（名）favourable balance surplus ↔逆差 对外贸易上输出超过输入的贸易差额。

30 **趋利避害** qū lì bì hài 趋向有利的，避免损害。

31 **着眼** zhuóyǎn（动）（从某方面）观察；考虑。

32 **配置** pèizhì（动）deploy; allocate 根据需要分配、布置。

33 **外观** wàiguān（名）≈外表；表面 物体从外表看的样子。

34 **贮运** zhùyùn（动）储存运输。

35 **指标** zhǐbiāo（名）计划中规定达到的目标。

36 **体质** tǐzhì（名）人体的健康水平和对外界的适应能力。

37 **成员** chéngyuán（名）集体或家庭的组成人员。

38 **相应** xiāngyìng（形）相适应的。

39 **尽快** jǐnkuài（副）尽量加快。

40 **增值** zēngzhí（动）increase of value　资产价值增加。

41 **急需** jíxū（动）紧急需要。

42 **税收** shuìshōu（名）tax revenues　国家征税所得到的收入。

43 **扶持** fúchí（动）≈支持　帮助、护持。

44 **壮大** zhuàngdà（动）变得强大。

45 **战略** zhànlüè（名）strategy that determines the overall trends of a situation 决定全局的计划和策略。

46 **基地** jīdì（名）作为某种事业基础的地区。

47 **流通** liútōng（动）circulate; currency　商品货币流动周转。

48 **封锁** fēngsuǒ（动）（用强制力量）使跟外界断绝。

49 **有序** yǒuxù orderly　有秩序。

50 **综合** zōnghé（动）不同种类、不同性质的事物组合在一起。

51 **损害** sǔnhài（动）使事业、利益、健康、名誉等受到损失。

52 **权利** quánlì（名）≈权力；义务　公民或法人依法行使的权利和享受的利益。

53 **一体化** yītǐhuà（动）integration　使若干单位或部分成为密切联系的一个整体。

【课文】

农业作为中国最古老的产业，是国民经济的基础，也是国家繁荣稳定的**根基**。在对外开放的过程中，中国的农业将直接面对发达国家已经现代化的“大农业”，这不能说不是一个挑战。

中国农业入世的承诺

要**把握**中国入世后农业的发展方向，以及怎样顺利融入世界经济**潮流**，我们首先应该了解中国入世以后在农业方面有哪些承诺。关于农业，中国对世界贸易组织所作的承诺有五个方面：

一是降低进口农产品平均**关税**。到 2004 年，中国农产品平均关税将从 1997 年的 46.8%降至 21.2%。

二是部分开放**大宗**农产品进口。在大宗农产品开放方面，中国选择了关税**配额**开放方式，以便在最大程度上保护农民利益。在配额之内中国将对进口农产品征收 1%的关税，而在配额之外将**征收** 80%的**高额**关税。

三是根据世界贸易组织规则，一个国家使用关税配额方式时，政府不准**垄断**控制——包括垄断价格。对中国而言，这是体制上的不适应之处。

四是关于国内支持政策。世界上所有国家特别是发展中国家，都对本国农业**施行**高额**补贴**。而世界贸易组织对此作出一系列规定及**限制**。同时，根据中国农业入世承诺，中国的农业支持总量为 1996~1998 年年平均农业生产总值的 8.5%，低于发展中国家 1.5 个百分点。

五是政府**郑重**承诺，不对任何农产品进行出口补贴。这一承诺对我们来说是一个较大的挑战。

入世给农业带来什么

入世是一把双刃剑，在给中国农业带来许多机遇的同时，也必然为农业发展带来一定的不利影响，主要表现在以下两个方面：

一是国外农产品的大量进入将会对中国农业造成冲击。根据世界贸易组织农业协议的规定，中国必须进一步降低关税并取消非关税措施，逐步开放国内农产品市场。但由于中国农业经营规模小，产品技术含量低，生产成本高，一些产品尤其是粮食的价格水平已接近或高于国际市场，**缺乏**竞争优势，难以和发达国家**质优价廉**的农产品竞争。

二是世界贸易组织规则的**约束**，缩小了中国政府对农业的**宏观**支持空间，这表现在中国政府对**市场准入**、国内支持和出口竞争的**调控**空间缩小等方面。农业支持空间的缩小，不仅会对中国农业的健康成长带来影响，而且会对国家运用农业支持政策来调控农业发展构成极大的限制。

需要指出的是，在讨论入世的不利影响时，有两方面的问题应**给予**重视。一是对不同农产品的生产影响不同。相比较而言，粮、棉、油等大宗农产品受影响较大。而在大宗农产品中，大豆和**棉花**生产受到的影响可能最大。二是对不同地区的农民影响不同。比较突出的是**小麦**、**玉米**和大豆的**主产区**即东北和华北地区。不但这些产品的进口增加会给这些地区的生产造成直接的压力，而且，入世后，南方一些省区可能直接从国际市场进口玉米而不再从东北**调**玉米，这两方面的因素都会造成这些地区农民的收入下降。

入世虽然会给中国农业带来一定的冲击，但不会给中国农业带来**灾难**性影响。即使是最不具备比较优势的粮食，以 2004 年的 2 100 万吨关税配额计算，也仅相当于 1995 年我国实际的粮食进口量，是我们现阶段粮食消费量的 4%~5%，其余 95%仍然要靠国产。此外，虽然中国粮、棉、油、糖不具备国际竞争力，但我们在一些劳动**密集**型产业，如养殖、水产、家禽、园艺等方面，从价格到质量都具有优势，入世后这类产品将会有更多的出口机会。目前我国每年的食品出口**顺差**达 60 亿~70 亿美元，这对增加农民收入将起到积极作用。从长远看，在一个开放的环境下，中国这些农产品的出口将会有更快发展，能够促进农民收入的增长。

趋利避害迎接挑战

在国内农业政策方面，应按照国际分工和比较优势的原则，**着眼**于在世界范围内优化农业资源**配置**，发挥中国农产品的国际竞争优势，对农业结构进行战略性调整。从根本上讲，提高产业成长能力，提高这些产品的国际竞争力，才是自我保护的真正有效途径。

首先，应全面优化农产品质量。中国在不少农产品生产上具有比较优势，但就是卖不出好价钱，形不成规模，一个重要原因就是产品的质量差，科技含量低。提高农产品质量，主要包括**外观**质量和内在质量两个方面。外观质量的改进需要在品种、生产技术、产品分级、包装和**贮运**等方面下功夫；内在质量主要包括营养和安全等**指标**。营养主要是指有利于人类改善**体质**、增进健康；安全是指清洁生产环境和生产加工过程，减少污染，在这方面发达国家的食品进口标准控制很严。世界贸易组织也十分关心其**成员**国的食品安全和健康安全，对此作出了**相应**规定。所以中国必须要**尽快**制定农产品质量的国家标准，加强农产品质量检验监测工作，对农产品实行全程质量控制。

其次，要加快发展农产品加工业，提高农产品加工**增值**水平，这是目前**急需**解决的问题。农产品的产后加工尤其是精加工和深加工，是提高农产品品质、增加值和竞争力的重要途径。为此，必须重视并加强农产品加工技术的研究。同时，国家还要从财政、信贷、资本市场和**税收**等方面，重点**扶持**一批农产品加工龙头企业，给他们提供一个充分发展的环境，让其成为农产品加工业的主体力量，在市场竞争中不断发展**壮大**。

第三，要建立出口型农业，逐步实现从内向型农业向外向型农业的**战略**转变。要加大有比较优势的产品的出口与生产，减少我们已经失去优势的产品的生产。国家要拿出资金有选择地建设一批农产品出口加工**基地**，同时要制定支持农产品出口的政策，鼓励企业对具备比较优势的农产品扩大自主出口。

第四，要加强国内市场**流通**体系建设，这是关键的任务。要减少农产品流通的中间环节，降低流通费用，就要打破地区**封锁**与垄断，形成统一开放、竞争**有序**的流通体系。

第五，要加强对农业资源的保护，改善农业发展的条件。提高农业生产率的关键之一就是改善农业的自然条件。改善农业基础条件的工作，农民是无法承担的，一定要由政府承担。从贸易政策看，主要是**综合**利用世界贸易组织规定的合法手段，保护中国农业免受重大冲击，保护农民免受重大**损害**。对粮、棉、油等国际市场上竞争优势不强的大宗农产品，可以通过关税形式，把重要的农产品进口限制到一定规模，对其实行必要的保护，维护中国作为世界贸易组织成员的**权利**。

此外，中国要成功地应对挑战，还必须下决心改革现行农业管理体制，逐步形成农产品生产、加工、销售、对外贸易**一体化**的管理体制，增强国家对农业的宏观调控能力，有效适应入世后农业国际化的需要。

【注释】

一、中国对世界贸易组织所作的承诺有五个方面

“所”，助词，多用在及物动词前，组成名词性的“所”字结构。“所”后面的动词必须是及物动词，“所”和后面的动词之间不能加入其他成分。常用在书面语中。

1.“所+动词”后面加“的”修饰名词。

例如：

（1）我先谈谈在旅行中所遇到的几件事吧。

（2）这次要讨论的，正是大家所感兴趣的人口问题。

2.“所+动词”作定语时，在不影响表达的情况下，被修饰的名词常常可以省略。“所+动词”可以作为一个名词使用，如“所想”（想的问题）、“所做”（做的事情）、“所见”（见到的东西）。

例如：

（3）你所想到的，经理早就想到了。

（4）就业问题，是每个毕业生所关心的。

上面句子中，口语里可以不用“所”，意思相同，但表达效果不一样，使用“所”字结构可以使语义表达更加流畅。

3.“所+动词”后面可以不加“的”，代替名词。

例如：

据我所知　众所周知　综上所述　大势所趋　各取所需　各尽所能

二、中国选择了关税配额开放方式

"关税配额"，是进口配额与征收关税相结合的一种限制措施，即对配额以内的进口商品给予低税或减免税的待遇，超过配额的进口则征收较高的关税、附加税或罚款，以达到限制进口的目的。

三、对中国而言，这是体制上的不适应之处

"对……而言"，"对"后面接人或事物，也可以说"对于……而言"，表示对象。

例如：

（1）对餐饮业而言，突出经营特色是十分重要的。

（2）对中小学生而言，学习负担过重是不利于他们的健康成长的。

（3）尽管经济适用房价格不高，但对大多数低收入者而言，这个价格还是难以承担的。

（4）20年的发展，对于中国旅游业而言，只是全国经济发展的一部序曲。

四、世界上所有国家特别是发展中国家，都对本国农业施行高额补贴

"施行"，指法令、规章等公布后从某时起发生效力、执行。近义词是"实施"，指实行（法律、政策等）。区别如下：

1. "施行"侧重在法令、政策等方面发生效力，语意较轻；"实施"侧重在按法令政策等实际去做，语意较重。
2. "施行"除用于上面的事物外，还可以用于手术、纪律等，适用范围较大；"实施"多用于法令、政策、制度、条例等。

例如：

（1）本法令自公布之日起施行。

（2）医生们决定对病人施行手术。

（3）据可靠消息，《关于进一步促进汽车工业发展的若干意见》不久即将付诸实施。

（4）中国的九年制义务教育正在逐步实施。

五、不对任何农产品进行出口补贴

“出口补贴”（export subsidy），是指一国政府为了降低出口商品的价格，加强其在国外市场上的竞争能力，在出口某种商品时给予出口厂商的现金补贴或财政上的优惠待遇。

六、中国必须进一步降低关税并取消非关税措施

“非关税措施”，是指除关税以外的限制进口的各种措施。非关税措施主要包括以下几种：直接限制进口数量和金额；国家直接参与经营；外汇管制；海关通关程序和对进口价格的控制等。

七、一些产品尤其是粮食的价格水平已接近或高于国际市场，缺乏竞争优势

“缺乏”，近义词是“缺少”，两个词都是动词，都表示“少、不够”的意思，都可以用于某些抽象事物，如经验、感情、知识、信心、决心等，也都可用于某些具体事物，如资金、设备、劳动力、工具等。区别如下：

1. 语意轻重不同。“缺乏”语意较重，常表示极少或没有；“缺少”语意较轻，常表示数量不够而不是没有。
2. “缺乏”更常用于不可计数的抽象事物；表示具体可数的人或事物的数量不够时，多用“缺少”。
3. 否定式中，不论是抽象事物还是具体事物，一般要用“缺少”而不用“缺乏”。
4. “缺乏”可以带名词、动词宾语，宾语前不能有数量词；“缺少”可以带名词、代词、数量词宾语。
5. “缺乏”可带“过”，可带补语；“缺少”可带“着”、“过”，不能带补语。
6. “缺乏”不能作定语，“缺少”可以。

例如：

（1）我刚来，对这个单位的情况还缺乏了解。

（2）这个公司缺乏正确的经营方针，业务发展缓慢。

（3）这台机器还缺少一个零件。

（4）我们并不缺少资金，缺少的是有技术的工人。

八、难以和发达国家质优价廉的农产品竞争

“难以”，副词，表示很难做到，后面跟动词、形容词以及动词性短语。多用于书面语中。

例如：

（1）他学了一年汉语就取得这样的成绩，真让人难以相信。

（2）我心中的感激之情，难以用语言来表达。

（3）这一问题目前还难以下结论。

（4）看了这封信，他的心情难以平静。

九、即使是最不具备比较优势的粮食

“比较优势”，指一个国家生产某种商品的成本，与生产其他商品相比，相对较低，这个国家在生产这种商品上就具有比较优势。

十、但我们在一些劳动密集型产业，如养殖、水产、家禽、园艺等方面

“劳动密集型”（labour-intensive），指在生产要素投入构成中，体力劳动所占的比重较高。其特点是在生产过程投入的劳动力和资金的比例中，人均技术装备程度低，单位投资能吸收的劳动力较多。

十一、目前中国每年的食品出口顺差达60亿~70亿美元，这对增加农民收入将起到积极作用

对外贸易上输出超过输入的贸易差额，称为“顺差”（adverse balance of trade），与“逆差”，即输入超过输出的差额相对。

十二、在国内农业政策方面，应按照国际分工和比较优势的原则，着眼于在世界范围内优化农业资源配置，发挥中国农产品的国际竞争优势，对农业结构进行战略性调整

“国际分工”，指世界各国之间的劳动分工。是社会分工超越国界的结果，构成国际贸易和国际经济联系的基础。机器大工业使生产所需的原料和市场摆脱一国的局限，导致生产社会化在国际范围内的扩展而形成国际分工。故国际分工是社会生产力发展到一定阶段的产物，是社会分工从一国国内向国外延伸的结果，是国际交换的基础。

十三、重点扶持一批农产品加工龙头企业

“扶持”，意思是照顾、帮助。与之意思相近的一个词是“支持”，两个词都是动词，都有“帮助”的意思。区别如下：

1. “扶持”侧重于照顾，对象一般是人或单位；“支持”有鼓励的意思，对象可以是某人、某个团体，也可以是想法、观点、做法等。
2. “扶持”还有搀扶的意思；“支持”还有勉强维持的意思。

例如：

(1) 老人生病时子女不在身边，全靠邻居们扶持。

(2) 政府将采取措施扶持贫困地区和贫困人口发展经济。

(3) 我们都支持公司的这一决定。

(4) 他们全家都支持他来中国留学。

(5) 他加了一晚上班，累得支持不住了。

十四、给他们提供一个充分发展的环境，让其成为农产品加工业的主体力量

“其”，文言词，主要用作代词。现代汉语中多用于书面语。

1. 相当于“他（她、它）的”、“他（她、它）们的”。

例如：

(1) 这个企业家为希望工程捐款300万元，其行为受到了人们的称赞。

(2) 制定这一法律，其目的是为了保护消费者利益。

2. 相当于“他”、“她”、“它”、“他（她、它）们”。

例如：

（3）对于下岗人员，应为其再就业创造更多的机会。

（4）每个民族的服装都有其自身的特点。

3. 相当于“那”、“那个”、“那样”。

例如：

（5）有其父必有其子。

（6）售货员不厌其烦地向顾客介绍这种新产品。

十五、把重要的农产品进口限制到一定规模，对其实行必要的保护，维护中国作为世界贸易组织成员的权利

“维护”，近义词是“保护”，两个词都是动词，都有“尽力照顾，使不受到损害”的意思。区别如下：

1.“维护”偏重于维持、护卫，对象多为尊严、荣誉、秩序、主权、威信等抽象事物；“保护”偏重于爱惜、护理，对象一般是比较具体的人或事物，可以构成“保护人”、“保护动物”、“保护国”、“保护伞”、“保护色”、“保护关税”等词语。

2. 作谓语时，“维护”可以带名词或动词宾语；“保护”只能带名词宾语。

3.“保护”可以带兼语，“维护”不能。

例如：

（1）我们要维护团结，反对分裂。

（2）他们希望加强交流与合作，共同维护本地区的和平与稳定。

（3）每天早晚应该刷牙，以保护牙齿。

（4）为了保护国家财产不受损失，他同犯罪分子进行了激烈斗争。

十六、维护中国作为世界贸易组织成员的权利

"权利"，近义词是"权力"，两个词都是名词。区别如下：

1. 语义侧重点不同。"权利"指公民或法人依法享有的利益，跟"义务"、"责任"相对；"权力"指政治上的强制力量以及职权范围内的支配力量。
2. 搭配对象不同。"权利"常受"合法"、"民主"等词修饰，常作"保障"、"维护"、"享受"、"享有"、"剥夺"等动词的宾语；"权力"常受"最高"、"统治"、"国家"、"社会"、"一切"、"无限"、"部分"等修饰，常作"利用"、"行使"等动词的宾语，还可以构成"权力机关"、"权力机构"、"权力网"等词。

例如：

（1）公民有参加选举的民主权利。

（2）吸烟是个人的权利，但不吸烟者呼吸新鲜空气的权利，也不应受到损害。

（3）全国人民代表大会是最高国家权力机关。

（4）我们要防止某些干部利用手中的权力谋求私利。

【练习】

一、根据课文判断下面句子的对错，并在括号内画"✓"或"×"。

（　　）1. 从1997年到2000年，中国农产品的平均关税将降低25.6%。

（　　）2. 为了更好地保护农民利益，中国选择了关税配额开放方式。

（　　）3. 中国政府将对部分出口农产品进行补贴。

（　　）4. 入世后，中国必须立即开放国内农产品市场。

（　　）5. 中国农业经营规模大，农产品价格低于国际价格。

（　　）6. 世界贸易组织规则限制了国家对农业发展的调控。

（　　）7. 入世对中国南方农业的影响不如北方大。

（　　）8. 目前中国农产品加工业整体水平不高。

（　　）9. 国家应支持已失去整体优势的产品扩大出口。

(　　) 10. 通过限制重要农产品的进口规模，可以保护不具备竞争优势的大宗农产品。

二、根据课文解释下面句子中画线部分的意思。

1. 在对外开放的过程中，中国的农业将直接面对发达国家已经现代化的“大农业”，这不能说不是一个挑战。
2. 对中国而言，这是体制上的不适应之处。
3. 入世是一把双刃剑，在给中国农业带来许多机遇的同时，也必然对农业发展带来一定的不利影响。
4. 一些产品尤其是粮食的价格水平已接近或高于国际市场，缺乏竞争优势，难以和发达国家质优价廉的农产品竞争。
5. 趋利避害迎接挑战。
6. 国家还要从财政、信贷、资本市场和税收等方面，重点扶持一批农产品加工龙头企业，给他们提供一个充分发展的环境，让其成为农产品加工业的主体力量，在市场竞争中不断发展壮大。
7. 对粮、棉、油等国际市场上竞争优势不强的大宗农产品，可以通过关税形式，把重要的农产品进口限制到一定规模，对其实行必要的保护，维护中国作为世界贸易组织成员的权利。
8. 逐步形成农产品生产、加工、销售、对外贸易一体化的管理体制，增强国家对农业的宏观调控能力，有效适应加入世界贸易组织后农业国际化的需要。

三、给下列句子中画线的部分选择合适的义项。

把握

A. 动词，握；拿

B. 动词，抓住（抽象的东西）

C. 名词，成功的可靠性

(　　) 1. 对这次试验，我没有多少把握。

(　　) 2. 司机把握着方向盘，沿着山路向前开去。

(　　) 3. 这是一次很好的机会，你一定要把握住。

(　　) 4. 这次比赛我们获胜的把握很大。

封锁

A. 动词，（用强制力量）使跟外界隔绝

B. 动词，（采取军事力量等措施）使不能通行

(　　) 1. 敌人想对我们进行经济封锁。

(　　) 2. 警察封锁了机场的各个出口。

(　　) 3. 军队昨晚封锁了北部边境。

(　　) 4. 他们想要对外界封锁消息。

流通

A. 动词，流动通行，没有阻碍

B. 动词，商品、货币周转流动

(　　) 1. 车厢中人员密集，空气不流通。

(　　) 2. 根据市场规律，商品要合理地流通起来。

(　　) 3. 目前在市场上流通的是第五套人民币。

大宗

A. 形容词，大批（货物、贷款等）

B. 名词，数量最大的产品、商品

(　　) 1. 本公司经销的产品以家电为大宗。

(　　) 2. 入世对中国的大宗农产品影响较大。

(　　) 3. 最近，我们和某国签订了大宗纺织品出口合同。

限制

A. 名词，规定的范围

B. 动词，规定范围，不许超过

(　　) 1. 不久前教育部取消了对高考考生年龄的限制。

(　　) 2. 这次作文没有字数限制。

(　　) 3. 对孩子的课外活动，不要限制得太严。

(　　) 4. 优越的海洋环境限制了生物向高级的方向发展。

四、选词填空。

垄断	征收	约束	有序	综合
监测	承诺	承担	着眼	损害

1. ________消费者利益的事我们坚决不能做。
2. 几家大企业几乎________了国内彩电市场。
3. 中国的各大中城市每天都对空气质量进行________。
4. 个人所得税是国家对公民个人所得________的税。
5. 政府将采取措施，________治理大气污染问题。
6. 她在挑选工作时，主要________于企业的发展潜力。
7. 这笔费用他们________了一半，另一半我们出。
8. 学校要着力培养学生的________素质。
9. 孩子放了学就去玩电子游戏，家长该________他一下。
10. 政府________要为企业招用下岗人员给予优惠政策。

五、辨析下列近义词并选词填空。

支持—扶持　　缺乏—缺少　　维护—保护
权利—权力　　施行—实施

1. 办公室已经布置好了，就________一部电话了。
2. 封建社会中，皇帝拥有最高的________。
3. 我只见过这个人一面，对他________了解。
4. 为了________文物古迹，国家制定了文物保护法。
5. 设立消费者协会，目的是保障消费者的合法________。
6. 我们要充分________妇女儿童的权益。
7. 我们必须保证产品质量，以________企业的荣誉。
8. 朋友们都________小李竞选学生会主席。
9. 公司开始________新的《合同法》。
10. 新的物业管理条例即将于9月1日________。

六、用指定的词语完成句子。

1. 他在农村住惯了，________。（密集）
2. 这个问题很关键，________。（尽快）
3. 在市场经济的发展过程中，________。（壮大）
4. ________，我们今天晚上加个班吧。（急需）
5. 改革开放以来，________。（繁荣）
6. 如果不努力，________。（难以）
7. ________，最重要的是要抓住机遇。（对……而言）
8. 会议开始了，________。（郑重）
9. 既然大家要我讲，________。（所+动词）
10. 对于我们的工作，________。（给予）

七、按照适当顺序排列下面句子。

A. 美国每年的投资高达几百亿美元。

B. 而生物工程在农业方面的研究与运用，将决定着未来农业的发展方向，这决不是危言耸听。

C. 它以高投入、高风险、高回报当之无愧地被称为高科技。

D. 生物工程，自从它诞生以来，就吸引着世人。

E. 世界各国都在加大这方面的投入。

八、综合填空。

从世界范围来说，中国的农业问题________是中国的，________是世界的。________世界上没有人能够养活中国，中国政府和中国人民完全有信心和能力解决自己的吃饭穿衣问题，________随着世界经济一体化进程的加快，国家与国家、地区与地区之间经济互补性和依赖性的增强，中国农业对国际粮食市场的价格影响会越来越________。可以说，未来世界，没有任何一个国家的农业会像中国这样对世界经济如此重要。________，从某种意义上说，国际社会关注中国农业实际上也是关注自身的生存与发展。

A. 因此　B. 虽然　C. 不仅　D. 但是　E. 也　F. 明显

九、从以下两个题目中选择一个，写一篇 300~400 字的小短文。要求在文章中使用以下词语：对……而言、着眼、给予、相应、趋利避害、相比较而言。

1. 中国农业入世的利与弊。

2. 介绍一下你们国家农业的发展情况。

【副课文】

增加农民收入的新途径

改革开放以来，中国农业生产发展迅速，1978~2000年间，农业总产值年均增长率高达6.4%，为同期世界各国之冠。但是，20世纪90年代后期以来，农民收入增长停滞，成为各方瞩目的问题。在未来相当长的一段时间里，农村人口在中国总人口中还会占相当大的比重，增加农民收入、缩小城乡差距、实现农村现代化始终将是中国必须给予高度重视的问题。

中外的历史经验表明，农民收入的持续提高，不仅要依靠农业生产的不断增长，而且，更有赖于农业就业人口的减少。改革开放以来，中国农村经济一直沿着上述结构调整的方向进行，但是从1997年起，农村就业出现了逆向调整，1998年和1999年农业从业人员不减反增，农民收入增长就出现了滑坡、停滞的严峻现象。

非农产业的不断增长是一个国家农业就业人口持续减少的前提。1997年底，中国开始出现通货紧缩的势头以后，一方面，生产能力普遍过剩成为国民经济中的主要问题，城市企业开工不足，导致投资下降，新增就业机会减少，阻碍了农民“离土离乡”的就业调整。另一方面，生产能力普遍过剩，竞争加剧，导致技术、管理、产品质量水平较低的乡镇企业停工、破产，使“离土不离乡”的农民回流农业，并且使全国每个镇政府平均负债高达400万元，这些债务最终必须由农民来归还，农民的负担问题更是雪上加霜。

当生产能力出现普遍过剩时，一般企业很难找到好的投资机会，投资意愿必然下降；同时，企业开工不足，利润下降或亏损，职工面临企业破产和失业的危险，消费趋于谨慎，加上中国这几年的住房、医疗、保险、教育、福利制度改革增加了职工未来的支出预期，整个社会的消费意愿因此下降。投资需求

和居民的消费需求在2000年占中国国内总需求的84.8%，企业的投资和居民的消费意愿双双下降，则会使原来生产能力过剩的情形更趋严重，这又反过来进一步导致投资和消费的意愿更加不振。因此，当前要实现农民就业结构调整，增加农民收入，当务之急是启动内需，消除国民经济中的过剩生产能力。

生产能力的普遍过剩是存量的过剩，要在短时间内消除普遍过剩的生产能力必须要启动一个巨大的有支付能力的存量需求。在一个发达的市场经济中，有支付能力的需求必然都已经得到满足，不可能找到一个这样的需求存量，因此当一个市场经济国家出现生产能力普遍过剩的通货紧缩现象以后，国民经济总是每况愈下而难于走出困境。但是，中国是一个从计划经济向市场经济过渡的二元经济国家，城乡市场隔绝，农村消费条件不足，市场发育不完全。在占全中国总人口的64%、户数占三分之二的农村地区，和生活有关的基础设施仍然十分落后，电网老旧、电压不稳、电价高昂，有一半的农户没有自来水，大大限制了农村地区对现代消费品的需求。2000年农村每百户居民彩色电视机、电冰箱、洗衣机的拥有量分别为48.7台、12.3台和28.6台。2000年农村居民人均纯收入2 253元，比1991年城镇居民人均收入2 025元高出11.3%；且2000年上述三大件的价格仅为1991年时的一半或更低，但2000年农村居民的拥有量仅为1991年城市居民的71.1%、25.3%、35.5%。可见，基础设施不足是限制广大农村地区居民消费的主要原因。

根据国家统计局农调队和北京大学中国经济研究中心在 1999 年 12 月对中国 18 796 个农户所作的抽样调查和计量分析发现，农村电价每调低一毛钱，对彩色电视机需求的作用相当于农村人均纯收入提高 370 元；对电冰箱的需求相当于农村人均纯收入提高 667 元；对洗衣机的需求相当于农村人均纯收入提高 909 元。如果做到城乡居民用电同网同价，在农村安装卫星电视地面接收设备做到村村通电视，建水塔实现村村通自来水，农村地区将会出现一个家用电器的消费高潮，电视机、电冰箱、洗衣机将不再有过剩的生产能力。水、电等与生活有关的基础设施问题解决后，农村还会自发地掀起厨房革命、厕所革命等与改善生活质量有关的建设高潮，把许多制造业现存的过剩生产能力消化掉。

而且，修筑乡村公路、架设乡村电网、建立自来水供应系统和广播电视接收装置等都是高度劳动密集的项目，以使用农村廉价劳动力和当地材料为主，所以，加强农村基础设施建设，还能够在农村地区创造出许多就业机会，直接增加农民收入。

任何一个社会要实现经济的可持续增长都离不开城乡的协调发展，城市现代化发展到一定阶段必然要向农村扩展，而良好的农村基础设施恰好是城市文明向农村延伸的桥梁。农村基础设施建设有助于推进农村现代化，有助于缩小城乡差距，为广大农村居民参与经济发展过程、分享经济发展的成果创造必要条件。农村基础设施建设将使农村经济和社会事业长期受益，农村经济的发展进而可以扩大全国的市场规模，不断为全国经济增长提供新的空间，提升经济发展水平。

第八课　空调业路在何方

中国空调业在经历了 2002 年的激烈竞争之后，2003 年的情况会如何呢？这篇文章对 2003 年的空调市场进行了分析和预测，指出空调业两大流派——价格杀手派和技术创新派都有各自的消费群体和发展空间；洋品牌本土化和民族品牌国际化的趋势说明了空调市场的日趋成熟；三类企业都有自己的经营策略，一线做品牌，三线做产品，二线在夹击中求生存。那么，在 2003 年的空调市场上，消费者会喜欢哪种品牌呢？请看下面的课文。

【生词】

1. **硝烟** xiāoyān（名）火药爆炸后产生的烟雾。
2. **战火** zhànhuǒ（名）战争的火焰。
3. **制冷** zhìlěng（动）人工制造低温。
4. **调兵遣将** diàobīng qiǎnjiàng 调动兵力，派遣将领，也泛指调动安排人力。
5. **鏖战** áozhàn（动）激烈地战斗。
6. **群雄混战** qúnxióng hùnzhàn 众多的英雄人物在阵线不分明、敌我关系常变的局面中胡乱交战。
7. **嘲弄** cháonòng（动）mock　嘲笑，戏弄。
8. **混沌** hùndùn（名）中国传说中指宇宙形成以前模糊一团的景象。形容糊里糊涂的样子。
9. **导向** dǎoxiàng（名）引导行动或发展的方向。
10. **附加值** fùjiāzhí（名）value added　附带加在产品上的价值。
11. **卖点** màidiǎn（名）指厂家生产和销售的商品中能够吸引消费者并让消费者乐于购买的特点。
12. **拉力** lālì（名）拉拽的力量。
13. **规避** guībì（动）设法避开，躲避。
14. **敏锐** mǐnruì（形）≈尖锐；↔迟钝　（感觉）灵敏，（眼光）尖锐。
15. **策略** cèlüè（名）≈战略　为达到某一目的而采取的行动步骤或计划。
16. **无法企及** wúfǎ qǐjí 没有办法赶上，没有办法达到。
17. **增色** zēngsè（动）≈添色；↔减色　增添光彩，增加情趣。
18. **氧吧** yǎngbā（名）专供缺氧者吸氧的营业性场所，又指一种用于空气净化的小型装置，能生成活性氧，具有杀菌、除尘的功能。

19 **主旋律** zhǔ xuánlǜ（名）比喻基本的观点、主要的精神。

20 **规模销量** guīmó xiāoliàng 指销售的数量很大。

21 **绊倒** bàndǎo（动）行走时因被东西挡住或缠住而摔倒。

22 **亏损** kuīsǔn（名）↔赢利　企业财产支出超过收入的情况。

23 **开局** kāijú（名）（下棋、比赛等）开始的阶段。

24 **血路** xuèlù（名）拼死冲杀而突破重围的道路。

25 **下调** xiàtiáo（动）↔上调　向下调整。

26 **挑起** tiǎoqǐ（动）经挑拨而产生。

27 **认定** rèndìng（动）明确承认；确定地认为。

28 **觊觎** jìyú（动）希望得到（不应该得到的东西）。

29 **扬言** yángyán（动）≈声言　故意传播出将要采取某种行动的话。

30 **分道扬镳** fēn dào yáng biāo 指分路而行，也比喻志向不同，目标不同，各走各的路。

31 **殊途同归** shū tú tóng guī ↔南辕北辙；背道而驰　从不同的道路，走到同一个目的地，比喻用不同的方法达到同一目的。

32 **含量** hánliàng（名）（一种物质中）所含的某种成分的数量。

33 **对弈** duìyì 下棋。

34 **入乡随俗** rù xiāng suí sú 到了一个地方，就要遵从那里的生活习惯和风俗礼仪。

35 **翻番** fānfān（动）指数量增加一倍。

36 **平台** píngtái（名）platform　生产和施工过程中为操作方便而设置的工作台，有的能移动和升降。

37 **裨益** bìyì（名）好处。

38 **全方位** quánfāngwèi（名）事物的各个不同方向和位置，事物的所有方面。

39 **后盾** hòudùn（名）背后可以依靠的援助力量。

40 **抗衡** kànghéng（动）对抗，不相上下。

41 **声誉** shēngyù（名）声望名誉。

42 **体系** tǐxì（名）system　完整而有组织的系统。

43 **精细** jīngxì（形）≈精密；↔粗糙　精致细密。

44 **夹击** jiājī（动）从两方面同时攻击。

45 **处境** chǔjìng（名）所处的环境，面临的境遇。

46 **尴尬** gāngà（形）感到为难，不好处理。

47 **低廉** dīlián（形）价格低，价钱便宜。

48 **孤注一掷** gū zhù yī zhì 把所有的钱拿来作赌注，以图侥幸取胜。比喻在危急时投入全部力量作最后一次冒险。

49 **潇洒** xiāosǎ（形）（举止、神情等）落落大方，不拘谨、不呆板。

50 **变数** biànshù（名）可变的因素。

51 **套路** tàolù（名）比喻成系统的思路或方法。

52 **欢心** huānxīn（名）表示喜爱或赏识的心情。

【专有名词】

1. **奥克斯** Àokèsī 中国一著名公司名。
2. **格兰仕** Gélánshì 中国一著名公司名。
3. **夏普、日立、松下、三洋** Xiàpǔ\Rìlì\Sōngxià\Sānyáng 都是日本著名公司 Sharp、Hitachi、Panasonic、Sanyo 的名字。
4. **随身感、智慧眼、聪明风、家庭氧吧** Suíshēngǎn\ Zhìhuìyǎn \Cōngmíngfēng\Jiātíng Yǎngbā 都是空调品牌名。

【课文】

2002年**硝烟**未息，2003年**战火**又起，新的**制冷**年度才刚开始，空调业内的各路大军就已经**调兵遣将**，准备**鏖战**新的市场。中国空调市场在经历了几年**群雄混战**之后，2003年又会走向何方？

两大流派，分道扬镳

业内人士认为，2003年将会是空调业大洗牌的一年。空调市场在经历了天气的**嘲弄**、价格的冲击、土洋的对撞之后，仿佛变得更加模糊。但从2003年冷冻年度第一月来看（2002年9月），这种**混沌**和模糊更像是黎明前的黑暗，因为空调业的两大流派——技术创新派与价格杀手派已非常明显地展现在我们面前。

技术创新派的主要特点是：以技术创新为**导向**，以技术来细分市场，针对消费者个性化的需求，开发高**附加值**的产品。这种流派在市场上表现出来的优势是：有亮点、有**卖点**、有市场的**拉力**，比较注意**规避**无序的价格竞争。

但是，这种流派要求企业自身必须具有**敏锐**的市场眼光，又要有雄厚的科研开发能力，否则，无论哪个环节出现问题，都会使市场份额受到挑战。在技术创新派中，比较有代表性的企业是日本的三菱电机、大金及中国的海尔等。日本三菱电机空调有关负责人曾表示：三菱相对于空调业就如同奔驰车与汽车业一样，不管中国空调市场竞争多么激烈，也不论其他外资品牌是否降价，三菱电机永远坚持高质高价的**策略**。海尔则利用自己的市场优势、规模优势、技术优势，为用户开发不同的产品，八百多个型号是很多企业**无法企及**的，2002年的智慧眼、聪明风就为其**增色**不少，而新近推出的家庭**氧吧**空调，说明海尔在2003年仍然会在技术创新和市场细分的路上继续走下去。

技术创新派能否引导2003年的市场还很难预料，但其推出的新技术、新功能必将成为市场上的**主旋律**。

价格杀手派的特点是：有价格优势，会炒作价格并利用价格吸引消费者。这种流派在市场上表现出的优势是：有冲击力、有人气、易上量，客户的推力大。这种流派要求企业必须有良好的成本管理体系和质量管理体系，并且能在短时间内达到**规模销量**，否则要么被质量**绊倒**，要么被**亏损**拖垮。从 2003 年 9 月的**开局**来看，这种流派的代表当属新科、奥克斯和格兰仕。格兰仕继 2002 年靠低价杀出**血路**之后，9 月 24 日，又将其产品价格大幅**下调**，有的市场柜机降幅达 1 000 元，再次**挑起**价格大战。而新科则**认定**变频取代定频是大势所趋，全面下调变频空调价格，降幅超过 1 000 元，想以降价方式**觊觎**变频空调老大的宝座。奥克斯更是迫不及待，其老总日前到广州搞宣传，**扬言**要将广东空调售价拉低 1 000 元。

两大流派拥有各自的消费群体，都有发展的空间。尽管表现上**分道扬镳**，但最终的发展应该是**殊途同归**。因为技术创新派会优化成本结构，价格杀手派也会提高技术**含量**，毕竟消费者需要的是价廉物美的产品。

中洋对奕——洋品牌本土化，国内品牌国际化

先看洋品牌本土化。从 2002 年洋品牌的战略方向上，人们似乎已经闻到了更浓的乡土气息。以夏普、日立、松下、三洋等为代表的“日系”空调在进入中国市场后，迅速融入到中国民族文化中，大打亲情这张牌，无论广告和促销均有别于日本市场。LG 也**入乡随俗**，定价和定位均比去年有了较大幅度的调整。价位的降低导致竞争力的提高，洋品牌尝到了甜头。由于市场份额的提升，让洋品牌更坚定了本土化的决心。

再看国内品牌国际化。加入世贸组织后，面对洋品牌的冲击和国内市场的日趋饱和，国内的空调企业更深地意识到了走出去的必要性。除了出口第一并成功实现国际化的海尔，2003 年，美的空调也宣布将向出口 100 万台的目标冲击。格力电器董事长也表示在出口上有**翻番**的准备。

洋品牌的走进来与国内品牌的走出去，可以说是中国空调市场日趋成熟的表现，世贸组织搭建的**平台**，不是中洋的对撞，而是资源的整合、文化的融合，对于空调市场的发展是大有**裨益**的。

生存之争——没有一二三线之分，只有名牌非名牌之别

一线企业做品牌。成熟市场的空调竞争，应该是包括售前、售中、售后的**全方位**竞争。一线品牌之所以能够成为一线，是因为它们具有以用户为导向的市场观念和雄厚的技术**后盾**，使其在生产、营销、技术、服务上有着二、三线品牌无法**抗衡**的优势。而且，一线品牌在营销策划、功能优势、规模服务方面基础雄厚，在用户心目中享有极高的**声誉**。营销上，消费者对一线品牌的认知度让它们有较大的市场份额。技术上，高新科技的不断运用使一线品牌引导着空调市场，像海尔的智慧眼、美的的随身感，就成为2002年空调市场的亮点。服务上，海尔的无尘安装、星级服务，格力的“快速反应部队”与二、三线品牌拉开了距离。可以说，一线品牌经营的不再是一种产品，而是经营着包含技术、服务及信誉、文化在内的整个品牌**体系**。

三线企业做产品。“船小调头快”是三线品牌的最大特点。由于在配套成本、管理成本、财务成本、营销成本等方面没有强大的经济实力的支持，使其没有更多的精力使产品技术**精细**化，也不可能去完善品牌的服务，这就决定了它们的生产具有很大的投机性与灵活性。不追求品牌，只要产品销售快、销量多，甚至可以成为其他品牌的加工厂。这种做法使三线品牌有了较大的生存空间。

二线企业做什么呢？最难过的恐怕是二线品牌了，它们面临着上下两面的**夹击，处境尴尬**。论技术、服务没有一线品牌有实力，论价格没有三线品牌**低廉**。在一线品牌纷纷调整自己的策略、三线品牌**孤注一掷**的同时，二线品牌要像2002年那样**潇洒**，恐怕要费一番力气了。

一线品牌策略的调整与高新产品的推广、二线品牌销售定位的无奈和三线品牌的低价冲击，让2003年的市场平添了更多的**变数**，而竞争的最终结果将是不再有一、二、三线品牌之分，而只有名牌与非名牌之别。但无论怎么分，那些总是停留在老外观、老面孔、老功能、老**套路**上的产品是绝不会获得消费者的**欢心**的，消费者喜欢的永远是物美价廉的产品，永远是能满足自己需求的新产品。

【注释】

一、2002年<u>硝烟未息</u>，2003年<u>战火又起</u>

“硝烟未息”，原指火药爆炸后产生的烟雾还没有消散，引申为战争还没有完全结束。“战火又起”原指战争的火焰又重新燃起，引申为战争又重新开始。在“2002年硝烟未息，2003年战火又起”这个句子中，作者把空调销售的市场竞争比喻为战争，全句意思是说，2002年旧的竞争大战还没完全结束，2003年新的商战又开始了。

二、因为技术创新<u>派</u>会优化成本结构，价格杀手<u>派</u>也会提高技术含量

从现代汉语词汇的发展趋势看，部分词根有词缀化倾向，即作为词根的原来的实在意义逐渐虚化，在构词中产生某些附加意义的倾向。汉语新词中三音节词增多和这种现象有关，如这一课出现的“派”可以像词缀“子”、“头”、“儿”一样出现在其他语素的后面，指倾向、见解或作风、习气相同的一些人或事物。

例如：

改革派　保守派　传统派　现代派　古典派　乐观派　自由派
逍遥派　温和派　偶像派　实力派

像“派”这样介于词根和词缀之间，构词不太自由，位置比较固定，又有一定实在意义的语素还有很多。

例如：

~迷（沉醉、迷恋于某一事物的人）：歌迷　球迷　影迷　戏迷　舞迷　棋迷
财迷　电脑迷　网络迷

~族（具有某种共同属性的一类人或事物）：水　族　上班族　打工族
追星族　休闲族　持股族
工薪族　私车族　丁克族

~热（一时流行的某种热潮）：健身热　足球热　下海热　经商热　旅游热
留学热　出国热　考研热　股票热　彩票热

~坛（指文艺界或体育界）：乐坛　影坛　歌坛　画坛　泳坛　体坛　足坛
乒坛　棋坛　排坛　羽坛　文坛　诗坛

三、也不论其他外资品牌是否降价

“是否”，副词，“是不是”的意思，是书面语言，后面要加动词或动词短语。

1. 用于问句，“是否”一般在动词前面，有时也可以用在主语前，句尾可以用“呢”。

例如：

（1）他是否也上台表演？

（2）是否他也上台表演？

（3）这个结论是否有科学根据呢？

2. 用在宾语小句或主语小句中，全句不是问句。

例如：

（4）我不知道他是否同意我们的意见。

（5）这个意见是否正确，还需要通过实践来检验。

注意：“是否”和“是不是”不完全一样，它们之间有区别。“是不是”后面可以带名词性成分，“是否”不能。

例如：

（6）那个人是不是小王？（正确）

（7）那个人是否小王？（错误）

四、三菱电机永远坚持高质高价的策略

“策略”，名词，指为达到某一目的而采取的行动步骤或计划。它的近义词是“战略”，名词，指导战争全局的计划和策略，泛指重大的、带有全局性的谋略。两词都可作名词，都可指行动的方针或准则。区别如下：

1. “策略”侧重在适应形势需要，具有灵活性；“战略”侧重在指导全面，具有决定性意义，可以组成“战略措施”、“战略意义”、“战略方向”、“战略重点”等词语。
2. “策略”还可作形容词，“战略”不能。

例如：

（1）在比赛中，他采取了左手快攻的策略。

（2）这样做会引起对方的怀疑，很不策略。

（3）政府正在制定新的经济发展战略。

（4）外国企业要想打入中国市场首先要有战略眼光。

五、技术创新派能否引导2003年的市场还很难预料

“能否”，书面语言，意思是“能不能”，用在动词或动词短语的前面。

例如：

（1）这件事能否办成我还没有把握。

（2）你能否告诉我你的真实想法？

六、技术创新派能否引导2003年的市场还很难预料

“引导”，近义词有“引诱”、“诱导”。“引导”，指启发诱导；“引诱”，指使用某种手段或方法使按照自己的意图去做；“诱导”，指劝诱教导，使向好的方向发展。三词都是动词，区别在于：

1. “引导”侧重在指引、带领；“引诱”侧重在诱惑；“诱导”侧重在开导、启发。
2. “引诱”的对象只能是人，“引导”、“诱导”的对象可以是人，也可以是一种活动或行为。“引诱”多用于消极方面，“引导”、“诱导”多用于积极方面。

例如：

（1）教经济学的老师应引导学生研究中国经济的特点。

（2）政府要引导失业人员自主就业。

（3）他被坏人引诱而走上了犯罪道路。

（4）他禁不住金钱的引诱，走上了犯罪道路。

（5）对学生要用启发和诱导的方法进行教育。

（6）这篇文章诱导读者思考什么是真正的幸福。

七、要么被质量绊倒，要么被亏损拖垮

“要么……要么……”，连词，表示两种可能的选择关系，相当于“或者……或者……”，多用于口语。

例如：

（1）要么去颐和园，要么去十三陵，反正今天只能去一个地方。

（2）要么你来，要么我去，都可以。

八、认定变频取代定频是大势所趋

“定频”和“变频”本来是空调压缩机的两种工作方式，这里指“定频空调”和“变频空调”。“定频空调”的压缩机工作时，它的转速是固定不变的（50Hz），和交流电的频率相同。“变频空调”的压缩机工作时，转速可以调节，因为装有变频器，可以调节电流的频率（调节范围 20Hz~50Hz）。由于压缩机供电频率可以改变，所以这种空调被称为变频空调。

九、两大流派拥有各自的消费群体，都有发展的空间

“拥有”，领有、具有（较多的、宝贵的东西）的意思，它的近义词是“具有”，指“有、存在”。两词都是动词，区别在于：

1. “拥有”多用于较重大、宝贵的具体事物，比如大量的土地、人口、财产等；“具有”多用于抽象事物，比如意义、精神、气概等。
2. “拥有”多用于书面语，“具有”在书面语和口语里都常用。“拥有”前面不能直接加否定词“不”，“具有”前可以直接加否定词“不”。可以说“不具有”，不能说“不拥有”。

例如：

（1）中国拥有巨大的水电资源。

（2）那个国家拥有世界上最先进的武器。

（3）他的做法特别具有欺骗性。

（4）你举的例子并不具有说服力。

十、价位的降低<u>导致</u>竞争力的提高

“导致”，引起、造成的意思。它的近义词是“招致”，指引起（不好的结果）。两词都是动词，都有引起某种后果的意思。“导致”侧重指由于客观原因造成某种消极的结果，“招致”侧重指由于主观的原因引起不良后果。

例如：

（1）瘟疫的流行导致这个地区的学生停课，工人停工。

（2）森林覆盖率下降导致了这一地区野生动物的灭绝。

（3）他的疏忽、轻敌招致了那场比赛的失败。

（4）他只是开了个玩笑，却招致了一场争论。

十一、洋品牌<u>尝到了甜头</u>

“尝甜头”，惯用语，比喻得到好处、利益。

例如：

（1）不给他点甜头尝尝，他怎么会相信你呢？

（2）人们从改革中尝到了甜头，自然更加支持改革。

十二、世贸组织搭建的平台，<u>不是</u>中洋的对撞，<u>而是</u>资源的整合、文化的融合

“不是……而是……”，表示转折的关联词，用于连接表示对立关系的两个句子。两个句子的意思相反，后一个句子补充和修正前一个句子。

例如：

（1）他听出小王不是在随便喊，而是在唱歌。

（2）听了这个消息最痛苦的不是病人，而是病人的妻子。

十三、一线品牌之所以能够成为一线，是因为它们具有以用户为导向的市场观念和雄厚的技术后盾

“之所以……是因为……”，表示因果关系的关联词，“之所以”用在前一分句的主谓短语中，指出结果。

例如：

（1）农业之所以发展慢，是因为投入少。

（2）深圳发展之所以这样迅速，是因为国家的政策环境好。

十四、服务上，海尔的无尘安装、星级服务，格力的“快速反应部队”与二、三线品牌拉开了距离

“无尘安装”，是海尔集团在全国推出的售后服务的一种，指采用最先进的安装方式，将打孔时造成的尘土吸进专用罩盖内，操作现场不会出现尘土和沙粒，保持了用户房间的干净清洁。

“星级服务”，是海尔集团的售后服务口号。海尔集团拥有庞大而规范的服务网络，从1994年开始第一次“无搬动服务”到2002年的“无尘安装”，先后进行了七次售后服务的升级。

格力的“快速反应部队”，是为方便顾客而设立的一种售后服务，在空调销售旺季，格力公司选派一批技术好、素质高的专业人员组成“快速反应部队”，开通24小时服务热线，保证给用户提供随叫随到、反应快速的24小时安装服务。

十五、没有更多的精力使产品技术精细化

“精细”，近义词为“精密”，两词都是形容词，都有“精确细致”的意思。区别主要为：

1. “精细”，侧重在细致，不粗疏；“精密”，侧重在细密而功能准确，不粗糙。
2. “精细”可用于物，也可用于人的行为举止等；“精密”多用于机械、仪器、观测、计量或物体的组织结构等方面，一般不用于人。

例如：

（1）他为人既精细又大胆。

（2）那套进口沙发做工很精细。

（3）瑞士生产的手表，工艺都很精密。

（4）这个数字是经过精密的计算得出的。

【练习】

一、根据课文判断下面句子的对错，并在括号内画“✓”或“×”。

（　　）1. 技术创新派一般不会靠降价吸引消费者。

（　　）2. 对于价格杀手派的空调企业来说，如果短时间内达不到规模销量，就可能会被亏损拖垮。

（　　）3. 格兰仕在2002年全面下调了变频空调的价格。

（　　）4. 现在中国有出口能力的家电企业只有海尔集团和美的公司。

（　　）5. 成熟市场上的空调业竞争只是营销方面的竞争。

（　　）6. 空调业的三线品牌是一线品牌的加工厂。

（　　）7. 作者预测，竞争的结果是空调业将不再有一、二线品牌之分。

（　　）8. 作者预测，技术创新派和价格杀手派的竞争会越来越激烈，两派的差别也会越来越大。

（　　）9. 在中国的空调市场上，同时并存着洋品牌本土化和民族品牌国际化的趋势。

（　　）10. 与技术创新派相比，消费者更喜欢价格杀手派的空调产品。

二、根据课文解释下面句子中画线部分的意思。

1. 中国空调市场在经历了几年<u>群雄混战</u>之后，2003年又会走向何方？

2. 空调市场在经历了<u>天气的嘲弄</u>、价格的冲击、<u>土洋的对撞</u>之后，仿佛变得更加模糊。

3. 这种混沌和模糊更像是<u>黎明前的黑暗</u>，因为空调业的两大流派已非常明显地展现在我们面前。

4. 从 2002 年洋品牌的战略方向上，人们似乎已经闻到了更浓的乡土气息。
5. 这种流派在市场上表现出的优势是：有冲击力、有人气、易上量，客户的推力大。
6. 世界贸易组织搭建的平台，不是中洋的对撞，而是资源的整合、文化的融合。
7. 格兰仕继 2002 年制冷年度靠低价杀出血路之后。
8. 新科想以降价方式觊觎变频空调老大的宝座。
9. 2003 年将会是空调业大洗牌的一年。
10. “船小调头快”是三线品牌的最大特点。

三、给下列句子中画线的部分选择合适的义项。

冲击

A. 动词，（水流、波浪）撞击物体

B. 动词，比喻大的干扰或影响

（　　）1. 由于外国商品的冲击，当地一些工厂停工倒闭了。

（　　）2. 海浪冲击着礁石。

（　　）3. 大海中的波浪冲击着渔船。

（　　）4. 伪劣产品冲击着市场。

导向

A. 动词，引导向某个方向发展

B. 名词，引导的方向

（　　）1. 这次会谈将导向两国关系的正常化。

（　　）2. 产品结构调整应以市场为导向。

（　　）3. 报纸、电视等媒体的新闻导向对一般民众的影响很大。

（　　）4. 夫妻二人经常吵架很可能导向婚姻关系的破裂。

杀手

A. 名词，受雇杀人的杀手

B. 名词，比喻竞赛中技艺高超，致对方惨败的人

C. 名词，比喻危害人健康和生命的东西

(　　) 1. 他是一个职业<u>杀手</u>，一生杀了很多人。

(　　) 2. 战争和车祸是导致很多人丧失生命的两大<u>杀手</u>。

(　　) 3. 那位乒乓球运动员先后获得了七次世界冠军，被其他运动员称为“乒坛<u>杀手</u>”。

(　　) 4. 流感病毒是众所周知的健康<u>杀手</u>。

(　　) 5. 她雇了一个<u>杀手</u>，让他去暗杀丈夫的情人。

(　　) 6. 参加比赛前，他暗自祈祷，千万别碰上那位“围棋<u>杀手</u>”。

投机

A. 形容词，（意趣）相合、（见解）一致

B. 动词，利用时机谋取私利

(　　) 1. 他年轻时专作<u>投机</u>买卖，赚了不少钱。

(　　) 2. 任何组织都不会欢迎<u>投机</u>分子。

(　　) 3. 中国有句古话叫“酒逢知己千杯少，话不<u>投机</u>半句多”。

(　　) 4. 虽然是第一次见面，我们却谈得很<u>投机</u>。

四、选词填空。

调兵遣将	无法企及	大势所趋	分道扬镳	殊途同归
入乡随俗	孤注一掷	规　　避	认　　定	优　　化

1. 很多外国人来到中国，都________地用起了筷子。
2. 进行商业经营时，要尽量________风险。

3. 中央正在________，组织大会战，力争提前开发大油田。
4. 我们________，正义的战争一定会取得最后的胜利。
5. ________的敌军，集中了所有的兵力要和我军决一死战。
6. 中国政府不断________投资环境，以吸引更多的外国资本。
7. 在自然科学领域，他取得了别人________的巨大成就。
8. 小王和小李是大学同学，一个学中医，一个学经济，但 20 年后，两人________，都成了有名的政治家。
9. 他出任总经理是________，我们也没办法阻止。
10. 兄弟二人成年后发现志向不同，从此________了。

五、辨析下列近义词并选词填空。

引导—诱导—引诱　　策略—战略　　拥有—具有

导致—招致　　精细—精密

1. 战争和车祸是________很多人丧失生命的两大杀手。
2. 那件工艺品做工十分________。
3. 那个公司制定了最符合自己利益的计划，很有________眼光。
4. 这是一个________最新设备的研究所。
5. 实验室里有很多________仪器。
6. 他讲话办事很有________。
7. 他遇事冷静，考虑问题特别________。
8. 由于轻视敌人，________了战斗的失败。
9. 中国________960 万平方公里的土地。
10. 他操作的失误________了这次实验的失败。
11. 他________很强的男子气概，特别讨女孩子的喜欢。
12. 由于水管破裂，________该地区停水。
13. 在他的巧妙________下，大家纷纷买了那种很贵却没有实际用途的商品。

14. 老师应当________学生自己动脑筋想问题。

15. 他禁不住金钱美女的________，背叛了祖国。

六、模仿下列句子，用括号里的词语造句。

1. 不管中国空调市场竞争多么激烈，也不论其他外资品牌是否降价，三菱电机永远坚持高质高价的策略。（**不管……，也不论……**）
2. 技术创新派能否引导2003年的市场还很难预料，但其推出的新技术、新功能必将成为市场上的主旋律。（**能否……但……**）
3. 否则要么被质量绊倒，要么被亏损拖垮。（**要么……要么……**）
4. 特别是加入世贸组织后，面对洋品牌的冲击和国内市场的日趋饱和，国内的空调企业深切地意识到了走出去的必要性。（**面对**）
5. 洋品牌的走进来与国内品牌的走出去，可以说是中国空调市场日趋成熟的表现。（**可以说……**）
6. 世贸组织搭建的平台，不是中洋的对撞，而是资源的整合、文化的融合。（**不是……而是……**）
7. 一线品牌之所以能够成为一线，是因为它们具有以用户为导向的市场理念和雄厚的技术后盾。（**之所以……是因为……**）
8. 不管中国空调市场竞争多么激烈，也不论其他外资品牌是否降价，三菱电机永远坚持高质高价的策略。（**是否**）

七、综合填空。

据专家估计，随着人们生活___1___的提高，当空调像彩电、冰箱那样成为日常生活中的___2___品后，中国未来的空调市场___3___还有800万台的空档可以填补，市场销售前景十分___4___。

1. A. 质量	**B. 水平**	**C. 品位**	**D. 水准**
2. A. 必备	**B. 必须**	**C. 必需**	**D. 必要**
3. A. 最少	**B. 起码**	**C. 最低**	**D. 至少**
4. A. 看好	**B. 美好**	**C. 看中**	**D. 美丽**

八、按照适当的顺序排列下面句子。

A. 僧多粥少的现状，使近两年价格战不断升级，大部分彩电企业普遍出现产品积压、资金短缺的现象。

B. 随着彩电生产规模的迅速扩大，产品同质化现象严重，隐忧也开始显现。

C. 据统计，2001 年，彩电价格更是平均降幅超过 18%，使整个行业损失近 30 亿元的利润。

D. 据 1994 年有关部门统计：国内彩电年生产能力高达 3 000 万台，而市场容量仅为 2 300 万台。

九、写一篇小文章（300~400 字），介绍一下你们国家空调销售的情况，要求必须用上以下词语。

卖点	规避	认定	抗衡	欢心

【副课文】

跨国家电巨头的本土化趋势

越来越多的跨国家电巨头希望通过在中国市场的本土化找到新的利润源泉。近日，由中国家用电器协会主办的“跨国家电企业的中国化策略高层论坛会”邀请了瑞典伊莱克斯、德国西门子、日本松下、韩国 LG 四家跨国家电巨头的中国区老总一吐心声。

立足中国各有奇招

松下电器是最早来中国投资的跨国公司之一，日本松下电器中国有限公司副董事长张仲文说，松下电器进入中国基本上跟中国的改革开放同时。松下电器在中国的发展分三个阶段，第一个阶段是从 1979 年开始的早期的技术引进阶段，在先后十几年时间里，从松下电器引进了将近 180 条生产线；从 20 世纪 80 年代中期开始，松下进入制造业的合资合作阶段。到现在，松下在中国有 41 家制造企业，这 41 家制造企业绝大部分是合资生产的；在中国入世前后，松下又在经历新的变革，即由制造业进入到开发、制造和流通领域。

比起日本的松下，欧洲的伊莱克斯进入中国的时间只有短短的 5 年，但伊莱克斯却以其独特的品牌定位在中国迅速占有了一席之地。伊莱克斯中国公司总裁刘小明介绍说，伊莱克斯 1997 年正式进入中国市场后，每年销售额以 130%的速度递增。

如果说伊莱克斯是个来自欧洲的时尚青年的话，西门子则更像一个优雅的绅士。西门子家用电器在中国的起步始于 1994 年的筹建无锡洗衣机厂，一年以后开始筹建电冰箱厂，现在，洗衣机和电冰箱已经成为西门子两个非常成功的产品。德国西门子家电中国区副总裁陆思柯表示："我们发展不是那么快，但是我们坚持不懈地走长期发展的策略，我们追求的也是长期的回报，尤其在中国市场。到现在为止，我们在中国家用电器的这两种产品上的总投资已达到13亿元人民币，我们还将一直借助这样的策略在中国寻求长期发展。”

决策过程本土化

入世以后，中国的市场发生了巨大的变化，跨国公司的制造和管理日益分离，以往跨国公司常有的北京“下雨”要请示东京总部、汉城总部或者瑞典总部的管理方式，已经不能对中国市场作出快速反应，中国公司跟跨国公司总部的关系面临调整。

韩国LG电子驻华总部CPO（首席宣传官）李相勋说，韩国LG电子真正本地化的投资始于1992年。1993年的时候，LG就提出中国市场的重要性，但当他们投资了一两个合资企业之后发现，真正的本土经营，首先要做的应是策略的本土化。真正的全球化应该是，在中国所要做的事情，要由中国的经营管理者负责，所以LG专门成立了中国有限公司，让它负责投资和在中国的经营，为此，总部专门派了集团成员之一的庐会长，让他负责公司在中国的经营。

根据规定，这位中国区总经理可以完全独立地作决定，处理公司在中国境内发生的事情。李相勋说，只有这样才可以真正实现当地化经营的目的。李相勋还透露，LG公司将投巨资在中国建立一个新的总部，中国地区的决策将由这个中国总部全权作出。

伊莱克斯中国公司总裁刘小明认为，伊莱克斯是全球家电公司，实行全球的质量标准和全球的技术标准，在这个条件下，实现快速的本土化决策。

在这几年内，伊莱克斯中国公司在中国基本上实行谁负责谁决策，现在甚至把决策权更进一步下放，不仅仅是由中国公司总部来决定，而且更重要的是在伊莱克斯的各个分公司、各个不同的产品线，谁负责谁决策，真正实现了决策人负起责任来，负责人真正有决策权。

日本松下电器中国有限公司副董事长张仲文介绍说，中国入世后，松下提出了“破坏与创生”的理念，破坏掉过去不合理的旧模式，建立适应中国市场的新机制，其中的一项内容就是加大海外本部的决策力度。松下四个海外本部之一的中国东亚本部，本部长一上任就从日本来到中国，本部搬到中国来，有助于加速实现本地化、集中化和协作化，借此整合在中国的企业。

整合销售渠道

中国本土企业引以为荣的往往是他们的销售渠道和整个服务体系，寻求销售网络的代理，也确实是跨国公司遇到的比较头疼的问题。前一段时间TCL跟飞利浦合作，把五个省的彩电代理合起来，可见一些跨国公司把寻求跟中国企业的合作看成是解决这一问题的突破口。

刘小明认为，中国家电已逐渐进入价格竞争之后的微利阶段，在这种情况下，维持一个全国性的营销网络成本非常高，所以他可以理解有些品牌会逐渐把自己在销售区域或者产品上不是很强的地方转给其他公司。但是作为真正想在中国长期发展自己品牌的公司，他认为营销渠道的真正管理和控制是关键因素之一，放弃了这个，可能很难在中国市场上有长期持续的发展。

张仲文说，松下也在建立一个新的物流体系。不过这样的服务贸易领域，是应该建立在开放型的基础上。所谓开放型，应该能够跟中国现有企业和现有的各种渠道结合，而不是封闭式地自己独立地发展。他认为开放式的速度更快，可能干得更好，也能够受到政府的鼓励和欢迎。

李相勋认为，LG进入中国市场才十年，刚进入中国的一两年时间，对这里的流通体系不太了解，很多人当时集思广益，想出很多不同的理论、方法和销售策略，我们一边做一边改，当时我们就采用了这种做法：百货公司也试试看，经销商也试试看，直营店也试试看。不光在营销方面，如人才管理等很多方面，我们也都是一边做一边改。一些售后服务或者是品牌推广，直营店效果最好，但是我们得利用庞大的资金和人力维持庞大的销售物流，目前和未来相当长的时间里，我们还是继续运用以经销商为主的销售体系。

从决策到研发再到销售，跨国巨头愈来愈认识到本土化给他们带来的丰厚收益。然而，在跨国巨头的本土化趋势中，国内企业又有什么感觉呢？

第九课 时势造《英雄》《英雄》造时势

电影《英雄》问世了，它是中国电影大规模走向市场化运作的大胆尝试。《英雄》摄制的三年，也是市场运作的三年，一切为了市场，一切紧跟市场，甚至引领市场，可以说是《英雄》的运作要诀。那么，《英雄》到底用了哪些具体的运作方法？运作的结果如何？它对中国电影的产业化将会产生什么影响？请看下面的课文。

【生词】

1 **褒** bāo（动）赞扬、夸奖。

2 **贬** biǎn（动）批评、给予低的评价。

3 **街头巷尾** jiē tóu xiàng wěi 指大街小巷各处地方。也说“巷尾街头”。

4 **铺天盖地** pū tiān gài dì 充满整个天地，形容来势很猛，到处都是。

5 **蹿** zuān（动）向上或向前冲。

6 **议论风生** yìlùn fēng shēng 谈论得生动而又风趣。

7 **可见一斑** kě jiàn yī bān（从竹管里看豹子）能见到豹子身上的一块斑纹，比喻可以从部分推知全体。

8 **出人意料** chū rén yìliào 事物的发展变化出乎人们的意料，也说“出人意表”。

9 **恶意** èyì（名）坏的用意。

10 **舆论** yúlùn（名）公众的意见或言论。

11 **众口铄金** zhòng kǒu shuò jīn 原来比喻舆论影响的强大，后来也指很多人乱说，能混淆是非而不容置辩。

12 **玩味** wánwèi（动）反复琢磨、仔细体会。

13 **摄制** shèzhì（动）拍摄并制作（电影、电视等）。

14 **公映** gōngyìng（动）（影片）公开放映。

15 **教化** jiàohuà（动）教育感化。

16 **首当其冲** shǒu dāng qí chōng 比喻首先受到攻击或承受灾难。

17 **随心所欲** suí xīn suǒ yù 由着自己的心思，想要干什么就干什么。

18 **注脚** zhùjiǎo（名）解释字句的文字，也叫“注解”。

19 **保底** bǎodǐ（动）保持底数（最低的基本数额）。

20 **分账** fēnzhàng 收入分成。

21 **合同** hétong（名）contract

22 **上座率** shàngzuòlǜ（名）attendance rate; audience attendance 剧场（影院、音乐厅等）卖出的座位、饭馆里有顾客坐着的座位与全部座位的比率。

23 **票房价值** piàofáng jiàzhí 上演电影、戏剧等因卖票而获得的经济效益。

24 **黯然失色** ànrán shīsè 表示相比较之下暗淡无光。

25 **承载** chéngzài（动）承担、担当。

26 **综观** zōngguān（动）综合观察、总起来看。

27 **官司** guānsi（名）lawsuit 诉讼。

28 **唯美主义** wéiměi zhǔyì（名）aestheticism

29 **不懈** bùxiè（形）不松劲。

30 **绘声绘色** huì shēng huì sè ↔枯燥无味 形容叙述、描写生动，连听不见的声音和看不见的影子都能画出来，别的就更不用说了。

31 **神龙见首不见尾** shénlóng jiàn shǒu bù jiàn wěi 比喻有才能的人行踪神秘，不露真相。

32 **巨额** jù'é（名）很大的数量（一般指钱财）。

33 **阵容** zhènróng（名）比喻人员力量的配备状态（包含素质、水平、能力等）。

34 **严令** yánlìng（动）严格、严厉地命令。

35 **剧组** jùzǔ（名）为演出或拍摄某一出戏、某部电影而组成的集体，包括导演、演员等。

36 **剧照** jùzhào（名）戏剧中某个场面、电影中某个镜头或演员穿戏装拍摄的照片。

37 **刺探** cìtàn（动）≈打听　暗中打听。

38 **惊诧** jīngchà（动）惊讶、诧异。

39 **买断** mǎiduàn（动）outright purchase

40 **发行权** fāxíngquán（名）right of distribution

41 **铺垫** pūdiàn（名）陪衬、衬托。

42 **跟踪** gēnzōng（动）紧紧跟在后面（追赶、监视等）。

43 **面市** miànshì（动）投放市场。

44 **要诀** yàojué（名）重要的诀窍。

45 **堪称** kānchēng 可以称作，可以称为。

46 **一席之地** yī xí zhī dì 比喻极小的一块地方。

47 **众说纷纭** zhòngshuō fēnyún ↔异口同声　人们的说法、议论又多又乱，很不一致。

48 **见仁见智** jiàn rén jiàn zhì 指对同一个问题各人有各人的看法，各有道理。

49 **轰动效应** hōngdòng xiàoyìng 引起社会各方面关注或惊叹的效果。

50 **新高** xīngāo（名）新的高度。

51 **版权** bǎnquán（名）copyright　著作权。

52 **期盼** qīpàn（动）期待、盼望。

53 **不言而喻** bù yán ér yù 明摆着的道理，不用说就可以明白。

54 **名利双收** mínglì shuāng shōu 名誉地位和物质利益一起得到。

55 **激活** jīhuó（动）activate

56 **实体** shítǐ（名）entity

57 **问世** wènshì（动）come out; be published（著作或产品）初次与世人见面。

58 **佳音** jiāyīn（名）好消息。

【专有名词】

1. **《英雄》**《Yīngxióng》中国一部电影的名字，这部电影由张艺谋导演。
2. **《论语》**《Lún Yǔ》中国古代的一本书。
3. **张艺谋** Zhāng Yìmóu 中国当代的一位著名导演。
4. **《时代》**《Shídài》TIMES 美国一本杂志的名字。
5. **《卧虎藏龙》**《Wò Hǔ Cáng Lóng》台湾一部电影的名字。
6. **奥斯卡奖** Àosīkǎ Jiǎng Oscar Awards 电影界一种有名的奖项。
7. **金球奖** Jīnqiú Jiǎng Globe Awards 电影界的一种奖项。

【课文】

不管是**褒**也罢，**贬**也罢，岁末年初的中国影坛，的确是《英雄》的天下。单看**街头巷尾铺天盖地**的广告、影院门前**蹿**动的人头、报纸网络上的**议论风生**就**可见一斑**。

大投资、大制作，必然伴以大宣传，继而引起大轰动应当不会**出人意料**。只是影片的口碑如何，似乎还需时间检验。虽说张艺谋先生已经对某些媒体的“**恶意**”议论有点动气，不过在信息高速传播的今天，**舆论**已非“一律”，也很难做到“一律”。如果说真能**众口铄金**，只怕那“金”的成色还有点问题。我想，值得人们**玩味**继而思索的，倒不在影片本身，而在这部国产大片从**摄制**到**公映**的过程中所引出的话题。

这就是“文化产业”的话题。“产业”是个时髦的词儿，教育、文化……这些过去与“产业”挂不上钩的部门，如今都“产业”得红红火火。究其原因，恐怕是相对计划经济时代把这些部门都归于“事业”单位而言的。

“事业”重在“**教化**”，“产业”则重在效益，当然经济效益**首当其冲**。有人作《论语》新解：“三十而立”指交30元学费就可以站着听课；“四十而不惑”指交40元可以听到深一点的道理；“五十而知天命”指交50元可以听到老师讲“天命”；“六十而耳顺”指交60元可以净听顺耳的话；至于交70元学费呢，则“七十而**随心所欲**”，上课不上课由你自己了。这类市场经济时代诞生的“向钱看”的笑话，也许可以作为“产业”二字的另类**注脚**。须知“没有钱是万万不能的”，经济实力壮大了，才有了办好“事业”的基础，才可以继续“做大做强”。经济效益和社会效益互为依托，互相促进，这大概是“产业”或“产业化”的正确解释吧。

有这么一个“产业化”的大背景，《英雄》可以说是时势所造。

时势造《英雄》，《英雄》能否“反作用”于时势，也就是说，《英雄》能否造就一番时势呢？

公映之前，《英雄》与国内各地影院签下的**保底分账合同**，就达6 000万元之巨；12月20日的“零点行动”，**上座率**达70%有余，仅从**票房价值**看，便令其他中外影片**黯然失色**。可以说，《英雄》已造就了一番“时势”。然而，它能否成为一个良好的开端，引导出大批值得人们花钱进影院的影片，扭转电影业的不景气现状，从而加快电影业乃至整个文化事业的产业化进程呢？

让一部电影去**承载**这样一个大任务，似乎太过分了。然而**综观**张艺谋的从影史，他是暗暗地把改变电影业现状作为自己的奋斗目标的。从《红高粱》、《菊豆》、《秋菊打**官司**》到《英雄》，**唯美主义**的电影语言反映了他的艺术观；**不懈**地追求“好看”，追求票房价值，其内涵则是图发展。《英雄》3 000万美元的大投入，冒的是大风险。有记者问他有没有想过可能会搞砸，他说：“像这种电影，我觉得它砸的标准就是票房，关键是票房。”“说振兴中国电影，使观众多走进影院看电影，靠什么？导演其实很简单，就是说故事的，故事是不是讲得**绘声绘色**吸引观众，我觉得这点对导演是基本的。”“讲”好故事，获取票房，振兴电影，就是这么一个逻辑顺序。

产业化的道路，就要求市场化的运作。《英雄》摄制的3年，也是进行市场操作的3年。它在宣传上采取**神龙见首不见尾**的策略，发行上则内外并举、大打“国际牌”。先是透露出**巨额**投资、全明星**阵容**等信息；2001年8月刚一开机，则立刻**严令**全**剧组**保持沉默；2002年1月，电影中的四主角**剧照**上了《时代》杂志封面，多方**刺探**影片拍摄内情而不得的国内媒体在**惊诧**之余，“自觉”地紧跟着“爆炒”一通；同年4月，又透露出“美国一电影发行公司以不低于1 500万美元的价格**买断**了《英雄》在美国及欧美几个国家的**发行权**”的新闻。就这么偶尔露一下“峥嵘”，媒体被吊足了胃口，通过媒体也吊起了观众的胃口，从而为票房作好了**铺垫**。加上公映前后在媒体上有意识地“狂炒”，《英雄》的宣传取得了极大成功。

2002年9月，推出**跟踪**《英雄》创作全过程的纪录片《缘起》，11月，根据影片改编的同名电影小说**面市**，都颇有创意，既扩大了电影影响，又创造了“附加值”。筹划的策略计谋、操作的计划步骤，都堪称周详。

一切为了市场，一切紧跟市场甚至于引领市场，应该说是《英雄》的运作**要诀**。其中受《卧龙藏虎》启迪的“全球”定位，**堪称**是要诀中的“眼”。中国入世后，即使是国内市场上的竞争，也会越来越多地带上“全球性”色彩。“抢美国人口中的肉”，在好莱坞的“天下”占据**一席之地**，是胆气，也是把中国电影产业做大做强的必修功课。

《英雄》已公映有日，热潮尚未见退。尽管**众说纷纭**，**见仁见智**见美见丑的都有，但这正是它所期望的“**轰动效应**”。公映的最初3天国内票房即超过5 000万，创了中国电影的**新高**，VCD、DVD**版权**卖了一个“天价”，加上国外发行权的出售，收回影片的制作成本是没有问题的了；获得了“金球奖”的提名，奥斯卡奖也在期待中（虽然张艺谋对此唱的是低调，可**期盼**还是**不言而喻**的），《英雄》可以说成功地走出了“**名利双收**”的第一步。紧跟着的是如何进一步扩大影响，为票房锦上添花，进而**激活**影院，激活电影业。因特网上已经有了“《英雄》官方网站”，“搭车”的电视连续剧《英雄》已在一些电视台播出，话剧《英雄》也已在北京上演，如果再推广开“英雄”电子游戏和玩具，再捎带上旅游业，**实体**加产品，实体集团加系列产品，那可真的要形成一个有模有样的“英雄”产业了。

对中国电影产业而言，《英雄》的**问世**无疑是一大**佳音**，但要造就一个兴旺发达的电影产业“时势”，则需要天下“英雄”接踵而起。愿《英雄》成为中国电影“产业化”的一个新起点。

【专有名词】

一、时势造《英雄》《英雄》造时势

汉语中有个惯用语，叫“时势造英雄，英雄造时势”。其中的“时势”，指某一时期的客观形势。“造”，指造就、产生。整个词的意思是说：时代的动荡多变能给人显露才能的机会，造就出英雄人物，说明英雄人物是时代的产物。上面句子中的“英雄”是张艺谋2002年导演的一部影片的名字。课文作者认为，这部电影在时势——文化产业的大背景下进行了大胆的市场化运作，取得了初步的成功。所以借“时势造英雄，英雄造时势”一词的意思写出“时势造《英雄》，《英雄》造时势”的题目，表示电影《英雄》的市场化是文化产业化背景下的产物。

二、不管是褒也罢，贬也罢

“也罢”是结构助词，连用两个（或更多），表示在任何情况下都如此。使用时放在句子末尾，常与上文中的“不管”、“无论”等和下文中的“都”、“也”、“总”等呼应。

例如：

（1）不管去也罢，不去也罢，反正结果都一样。

（2）不管敌人来也罢，不来也罢，我们都要做到有备无患。

（3）无论美也罢，丑也罢，你把我画成什么样都没关系。

（4）聊天也罢，下棋也罢，什么都引不起他的兴趣。

三、我想，值得人们玩味继而思索的

“继而”，副词，意思是紧接着，表示某种情况紧跟着前一种情况发生。它后面可以加动词（动词短语）、形容词和主谓短语。“继而”是一个比较特殊的副词，它还有连接复句的作用，用在复句的后一分句句首。

例如：

（1）听了他的话，人们先是一惊，继而哄堂大笑。

（2）昨天天气不好，先是乌云密布，继而雷声大作，大雨倾盆而下。

（3）妈妈先是表示自己不去玩，继而又反对我们出去玩。

（4）被人偷了手机继而去偷别人的手机，这种做法不对。

四、“三十而立”/“四十而不惑”/“五十而知天命”/“六十而耳顺”/“七十而随心所欲”

课文中的这几句话出自《论语·为政》，原文是：“子曰：‘吾十有五而志于学，三十而立，四十而不惑，五十而知天命，六十而耳顺，七十而从心所欲，不逾矩。”其中“天命”一词的意思是上天的意志，上天主宰之下的人们的命运。整段话的意思是：

孔子说：“我十五岁有志于学问，三十岁懂礼仪，说话做事都有把握；四十岁掌握了各种知识，不致迷惑；五十岁得知天命；六十岁，一听别人言语，便可以分辨真假，判明是非；到了七十岁，就随心所欲，任何念头都不越出规矩了。”

五、这就是“文化产业”的话题

文化产业，指从事文化产品生产和提供文化服务的经营性行业。文化产业一般是与公共文化事业相对应的概念。文化事业单位主要靠政府扶持、社会赞助，为公众提供公共文化服务；文化产业单位则主要面向市场，依法经营，自我积累，自我发展。文化产业是一个发展中的概念，其范围随着国家管理体制的改革和社会经济的发展而不断变化。从我国现实情况看，文化产业主要包括文艺演出业、影视业、音像业、文化娱乐业、文化旅游业、艺术培训业和艺术品业等。从国外情况看，文化产业的范围涵盖了文化艺术业、广播电视业、新闻出版业、信息网络服务业、教育业、旅游业、体育业、广告业、会展业、咨询业等。

六、这些过去与“产业”挂不上钩的部门

“挂上钩”是一个惯用语，指用车钩把机车和车厢或是车厢和车厢连接起来，比喻彼此建立直接的联系。

例如：

（1）生产和销售挂不上钩，是某些白酒企业亏损的原因之一。

（2）买卖双方已经挂上了钩，不用中介了。

（3）那所大学刚和一家著名的银行挂上钩，说好一些学生一毕业就可以进入那里工作。

“挂钩”的反义词是“脱钩”，原意是脱开互相连接的挂钩，比喻失去原有的某种联系。

例如：

（4）火车行驶时，第六节车厢和第七节车厢脱了钩，出了一次大事故。

（5）他所在的大学已经和商务部脱钩了。

（6）效益好的分厂总想独立出去，但由于种种原因，就是和总厂脱不了钩。

七、“事业”重在“教化”，“产业”则重在效益

“效益”，指功效和利益，由某种做法所获得的好处。它的近义词是“效果”、“功效”。三个词都是名词，都可表示作用和结果，它们的区别在于：

1.“效益”侧重指利益；“效果”侧重指结果；“功效”侧重指作用和功能。

2.“效益”主要用于经济、社会方面；“效果”广泛用于社会、政治、经济、军事、文教、卫生及日常生活各个方面，适用范围很大；“功效”主要用于生产、工作方面。

例如：

（1）出版社不仅要重视经济效益，也要重视社会效益。

（2）自从实行了新制度，我厂的效益明显提高了。

（3）这堂课的教学效果非常好。

（4）医生给他用了最好的药，却没有什么效果。

（5）那套设备经过改进后，功效显著提高。

(6) 科学家正在研究大蒜是否具有抗癌的功效。

八、从而加快电影业乃至整个文化事业的产业化进程

“乃至”，连词，意思是甚至，书面语，用在并列成分最后一项的前边，表示该项是并列成分中最极端的，突出这一项，有进一层的意思。可以连接词或短语，也可以连接句子。

例如：

(1) 他的父亲、爷爷、爷爷的父亲，乃至爷爷的爷爷，都只是乡下默默无闻的种田人。

(2) 入世对中国乃至全世界都至关重要。

(3) 这件事影响很大，不仅和它有关系的人关心它的结果，乃至和它没有关系的人，也关心它的处理结果。

(4) 广东已成为全国乃至全球最佳商品采购地之一。

九、先是透露出巨额投资、全明星阵容等信息

“透露”，近义词是“泄露”和“泄漏”，它们都是动词，都有露出或漏出的意思，区别在于：

1. “透露”侧重表示主观上有意地显露；“泄露”侧重表示不该让人知道的事情让人知道了；“泄漏”侧重表示不严密以致漏出来。
2. “透露”多用于情况、神态和信息等；“泄露”多用于机密、秘密、消息等；“泄漏”多用于气体、液体等。
3. “透露”可重叠成“透露透露”，“泄露”和“泄漏”不能。

例如：

(1) 听到这个消息，她眼神中透露出一丝欣喜。

(2) 他向我透露了一点儿内部消息。

(3) 为了报复总经理，他有意泄露了公司的秘密。

(4) 市长竟然把国家机密泄露出去了。

(5) 如果有毒气体从密封罐里泄漏出来，那就太危险了。

(6) 他无意中把自己的隐私泄漏给了对方。

十、多方刺探影片拍摄内情而不得的国内媒体在惊诧之余

“刺探”，暗中打听。它的近义词是“打听”，指向有关的人探问消息、情况、意图等。两词都是动词，都有多方询问的意思。它们的区别主要有：

1. “刺探”侧重在暗中了解，不能让对方知道，具有很强的秘密性；“打听”指从侧面了解所要知道的情况，不具有秘密性。
2. “刺探”的对象多是重大的、机密的情况，适用范围较小；“打听”的对象多是一般情况，适用范围较大。
3. “刺探”多用于书面语，“打听”多用于口语。

例如：

(1) 那家公司总是想方设法刺探竞争对手的经济情报。

(2) 我们抓获了一名刺探军情的间谍。

(3) 情况到底怎样，你快去打听一下。

(4) 哪里有便宜的房子出租，你打听到了吗？

十一、筹划的策略计谋、操作的计划步骤，都堪称周详

“周详”，指周到而详细，它的近义词是“周密”、“严密”。三个词都是形容词，都可以表示细致周到的意思。它们的区别在于：

1. “周详”侧重在全面、详细，没有遗漏；“周密”，侧重在准确、完备、没有缺陷；“严密”侧重严谨、严实，没有疏忽。
2. “周详”多用于考虑问题及表述方面；“周密”多用于思维及制定、实施计划等方面；“严密”多用于防范、组织、结构等方面。
3. “严密”还有“结合得很紧”的意思，在这个意义上与“周密”、“周详”不构成同义关系。

例如：

(1) 关于假期旅行的安排，他考虑得很周详。

(2) 他把整个事件叙述得很周详。

（3）为了这次活动，我们制定了周密的计划。

（4）经过周密的调查，他们写出了这份报告。

（5）消息封锁得十分严密。

（6）汽油桶盖得很严密，闻不到一点儿汽油味。

十二、对中国电影产业而言，《英雄》的问世无疑是一大佳音/这类市场经济时代诞生的“向钱看”的笑话

“问世”，动词，指著作等出版，与读者见面；新产品与世人见面。

例如：

（1）那本书问世以来，深受读者欢迎。

（2）一种新款红旗车日前在长春问世。

“诞生”，动词，原指伟人的出生（特别注意：这个词用于人时，只对别人，不对自己），比喻国家、政党、机构、组织等的建立，新事物的出现。它后面可以加介词结构，“问世”不能。

例如：

（3）1949 年 10 月 1 日，中华人民共和国诞生了。

（4）中国著名的小说《西游记》诞生于明代中后期。

【练习】

一、根据课文选择正确答案。

1. 电影《英雄》成了岁末年初人们关注的热点，下面各项中不是这种关注的现象是________。

A. 街上有关《英雄》的广告多了

B. 来影院看这部影片的人特别多

C. 有关《英雄》的电子游戏和玩具特别多

D. 报纸和网上有关《英雄》的议论特别多

2. 下面各项中不属于《英雄》特点的说法是________。

A. 大投资、大制作

B. 大宣传、大轰动

C. 票房价值创了中国电影的新高

D. 是改变中国电影不景气现状的大转折

3. 以下各项中不属于《英雄》市场运作的内容是________。

A. 宣传上神龙见首不见尾

B. 发行上内外并举、大打国际牌

C. 推出纪录片《缘起》

D. 获得电影"金球奖"提名

4. 根据课文，《英雄》的"全球"定位主要表现在________。

A. 四主角剧照上了《时代》杂志封面，将海外发行权卖给美国一家电影发行公司

B. 在宣传上贴近获奥斯卡奖的华语影片《卧龙藏虎》

C. 开通《英雄》官方网站

D. 将电影的DVD版权卖给了外国公司

5. 拍摄电影《英雄》的全部投资为________。

A. 6 000万美元　B. 3 000万美元　C. 5 000万美元　D. 1 500万美元

二、根据课文解释下面句子中画线部分的意思。

1. 岁末年初的中国影坛，的确是《英雄》的天下。
2. 这些过去与"产业"挂不上钩的部门，如今都"产业"得红红火火。
3. 《英雄》3 000万美元的大投入，冒的是大风险，有记者问他有没有想过可能会搞砸。
4. 不过在信息高速传播的今天，舆论已非"一律"。
5. 多方刺探影片拍摄内情而不得的国内媒体在惊诧之余，"自觉"地紧跟着"爆炒"一通。
6. 就这么偶尔露一下"峥嵘"，媒体被吊足了胃口。

7. 加上公映前后在媒体上有意识地“狂炒”，《英雄》的宣传取得了极大成功。
8. 其中受《卧虎藏龙》启迪的“全球”定位，堪称是要诀中的“眼”。
9. “抢美国人口中的肉”，在好莱坞的“天下”占据一席之地，是胆气，也是把中国电影产业做大做强的必修功课。
10. VCD、DVD 版权卖了一个“天价”。
11. 虽然张艺谋对此唱的是低调，可期盼还是不言而喻的。
12. “搭车”的电视连续剧《英雄》已在一些电视台播出。
13. 实体集团加系列产品，那可真的要形成一个有模有样的“英雄”产业了。
14. 但要造就一个兴旺发达的电影产业“时势”，则需要天下“英雄”接踵而起。

三、熟读并解释下列词语。

巨额	定额	余额	总额	金额	超额
从影	从军	从政	从业	从教	从艺
影坛	影院	影评	影迷	影星	影展
剧组	剧照	剧评	剧作	剧团	剧场
版权	发行权	著作权	继承权	否决权	所有权
上座率	利率	税率	汇率	出生率	死亡率

四、给下列句子中画线的部分选择合适的义项。

内涵
A. 名词，指语言所包含的内容
B. 名词，指内在的涵养

(　　) 1. 她是一个很有内涵的女人。
(　　) 2. 内涵深厚的人一般不轻易发怒。
(　　) 3. 中国古代诗歌的内涵十分丰富。
(　　) 4. 公司领导讲话的内涵一向很深。

逻辑

A. 名词，客观的规律性

B. 名词，思维的规律性

(　　) 1. 历史的发展有它内在的逻辑。

(　　) 2. 这几句话一点也不符合逻辑。

(　　) 3. 小说中描写的内容必须符合生活逻辑。

(　　) 4. 这篇文章的逻辑性很强。

事业

A. 名词，人们从事的、具有一定规模、体系并关系到社会发展的经常性活动

B. 名词，特指没有生产收入、由国家或私人团体开支其经费的机构

(　　) 1. 小张在一个事业单位工作。

(　　) 2. 那个企业家特别热中慈善事业。

(　　) 3. 我的母亲事业心特别强。

期望

A. 名词，对人或事所抱的期待、希望

B. 动词，期待和希望

(　　) 1. 我们热切期望祖国繁荣富强。

(　　) 2. 国家对年轻人寄予很大的期望。

(　　) 3. 父母对孩子的期望值不要太高。

(　　) 4. 期望在不久的将来，台湾能回归祖国。

五、选词填空。

一席之地	不言而喻	铺天盖地	出人意料	黯然失色
众说纷纭	随心所欲	议论风生	众口铄金	绘声绘色
见仁见智	街头巷尾	可见一斑	首当其冲	

1. 回家的路上，我看到________许多人聚在一起，议论着什么。
2. 他们那样自得其乐，那样________，真让人羡慕。
3. 居然有这样的事，太________了。
4. 学校放寒假，不用上课了，我们可以________地出去玩了。
5. 小王的故事讲得________，特别吸引人。
6. 我只需________，将就过一夜就可以了。
7. 她是世界上最著名的音乐家，许多音乐家和她比起来都________。
8. 这两部电影的优劣是________的。
9. 这部小说有人说好，有人说坏，________，各不相同。
10. 暴风雨________而来。
11. ________，解释也没有用，我只有沉默。
12. 经理征求大家的意见，大家________，看法一时无法统一。
13. 据说他送给女儿的生日礼物是一辆汽车，他的富裕程度由此________。
14. 小李是经理最不喜欢的人，如果公司裁员的话，小李肯定________。

六、辨析下列近义词并选择填空。

效益—效果—功效　　周详—周密—严密

透露—泄漏—泄露　　问世—诞生　　刺探—打听

1. 我们将________关注事态的发展。
2. 那个朋友________了一点风声给我。
3. 新的计划实施后，产生了良好的________。
4. 小王出走后，大家四处________他的下落。

5. 板兰根具有杀菌、消炎等________。

6. 敌人的飞机只是来________我方的军情，不是真的开始发动攻击了。

7. 工作组经过________的调查，终于弄明白了事情的真相。

8. 世界上第一辆真正的汽车________于1886年。

9. 这家公司的经济________不错。

10. 一部新词典即将________。

11. 对于那个大型婚礼，他考虑得十分________。

12. 由于管道破裂，石油大量________出来。

13. 据权威人士________，最近汽车价格将会大幅下调。

七、模仿下列句子，用括号里的词语造句。

1. 不管是褒也罢，贬也罢，岁末年初的中国影坛，的确是《英雄》的天下。**（……也罢……也罢）**

2. 这些过去与“产业”挂不上钩的部门，如今都“产业”得红红火火，究其原因，恐怕是相对计划经济时代把这些部门都归于“事业”单位而言的。**（究其原因）**

3. 它能否成为一个良好的开端，引导出大批值得人们花钱进影院的影片，扭转电影业的不景气现状，从而加快电影业乃至整个文化事业的产业化进程呢？**（乃至）**

4. 就这么偶尔露一下“峥嵘”，媒体被吊足了胃口，通过媒体也吊起了观众的胃口，从而为票房作好了铺垫。**（从而）**

5. 值得人们玩味继而思索的，倒不在影片本身，而在这部国产大片从摄制到公映过程中所引出的话题。**（继而）**

6. 值得人们玩味继而思索的，倒不在影片本身，而在这部国产大片从摄制到公映过程中所引出的话题。**（倒不在……而在……）**

八、按照适当顺序排列下面句子。

A. 它有许多量化的内在指标，如销售量、市场占有率等。

B. 政府退出市场竞争领域，不再干预企业的市场行为，而是全力去创造一种保护产品商标的法律环境。

C. “驰名商标”实质上是一种产品的客观市场声誉。

D. 因此这次新规定的实施将进一步明确政府的职能。

九、根据以下提示写一篇小文章（300~400 字）。

1. 电影《英雄》产生的大背景是什么？

2.《英雄》是如何进行市场化运作的？

3.《英雄》取得了哪些成功？

【副课文】

文化助力：从消费到产业

一项统计结果表明：未来 5 年，中国将有 2 亿人口进入中产阶级消费群，他们拥有稳定的收入，有能力追求“最具个性化的消费”。

所谓个性化消费，无非是有一些超越产品本身的东西被搭售了，比如说文化。

商业文化浮出水面

说到商业文化，无法不提到唐装。

从 2001 年上海 APEC（亚太经济合作组织）会议的惊艳亮相，到 2002 年春节的无处不在，唐装一时间成为龙的子孙的最爱，漂洋过海传到海外，一夜之间唐装再度盛行于世。

唐装的兴起，首先引领了一次时尚潮流。在 APEC 首脑身穿唐装亮相的第二天，杭州的一些商厦就开设了“海派中式时装展”。那段时间，最俏的是唐装，从北京、上海到广州，中装店的销量成倍增长，有的甚至卖断了货。

有一个公式已经越来越得到中国服装业界的认同：服装=面料+文化+市场。有资料表明，中国和意大利虽然同为服装出口大国，意大利却靠先进的服饰文化和名牌赚取了高附加值。20 世纪 90 年代初，意大利每吨服装的换汇额高出中国 5.8 倍。近年来中国的服饰文化空前活跃，商品中的文化含量和文化附加值也随之提高，服装的出口创汇额已增加到每年二百多亿美元。

服装业的竞争归根到底还是文化的竞争。唐装入选 APEC 会议，靠的是它所蕴含的中国文化；“唐装穿在身，我心更是中国心”，唐装的流行，更是与人们的那份希望和自信有关；唐装热能漂洋过海，难道不是得益于如今全球正在兴起的中国热吗？正因为有数千年的中国文化作底蕴，唐装才会如此盛行。

时尚，一个非常流行的词语。其实说白了，时尚本身就是一种文化，掌握了时尚文化，就掌握了商机，波导手机的成功便是一例。重视手机功能开发和款式设计，强调“唯美”理念，这是波导手机成功抢占市场的一大法宝。

国内一个比较流行的观念是，中国手机行业如果不掌握核心技术——手机芯片和基本的协议软件，就无法形成核心竞争力。宁波波导股份有限公司总经理徐立华却把手机的核心技术分为三个层次，第一层即传统意义上的核心技术；免提、电话薄等功能开发是第二层次；平时所说的款式和时尚是第三层次。波导没有一味强调做自己的芯片，而是把主要精力投在后两个层次上，利用快速的市场反应能力来反馈和引领市场潮流。同时，为进一步提升品牌的文化含量，波导请来李玟做形象代言人；让甲 A 劲旅“辽小虎”把主场迁到北京，易名“北京波导战斗队”，之后又冠名第十届金鸡百花奖，于是波导的知名度与日俱增。

目前，大到一个国家、一个区域的竞争，小到一个企业，一个品牌的竞争，很大程度上已取决于文化的竞争。没有文化作为支撑，就没有内在的生命力。从某种意义上我们可以说，新世纪的经济，就是“文化经济”，商业文化正在浮出水面。

文化消费热四方

近年来，某欧洲啤酒每年都在北京举办音乐啤酒节，去年，另一个牌子的啤酒也不甘落后地打出“摇滚生力军”的旗号。在这些热热闹闹的活动中，一些人慢慢地对某些品牌上了瘾。人们喝的似乎不单单是些酒精或碳酸兑水的玩艺儿，很多人感觉自己喝下的是一种文化。最具代表性的还有主题餐厅，各地纷纷涌出“忆苦思甜”、“禅酷”、“知青”、“黑土地”等主题餐厅，特色越鲜明集中的，就越有人追捧。

营造消费氛围，构筑一种消费文化，把舞蹈、音乐甚至一种无形的环境和产品一起捆绑销售。2002 年京城的车展盛会，除了靓车和美女，带着浓郁艺术气息的个性化表演也是一大亮点。

在上海通用汽车为赛欧上市一周年举行的“生日庆典”上，歌坛组合羽泉从车中走出，唱起为全新升级版赛欧创作的主题歌《Journey》（旅程）：“打开心窗/眺望一片海/我们终将找到/梦想中的未来。”

奥迪展示了一款在法国勒芒汽车耐力赛上的冠军赛车。和赛车相映的，是

4个老外的劲舞表演。色彩鲜亮的赛车工作人员服装、遒劲有力的腾空跳跃，让观众感受到了赛车竞技的激烈，吸引了一大批年轻人围观。

通用汽车的表演是在展馆2楼一个突出的小舞台上进行的，两位舞蹈演员舒展的现代舞表演，极好地诠释了通用新推出的SAAB汽车高贵的风格。

一位参加了几次车展的观众说，本次车展的文化表演比前几届多了，也更热闹了。汽车是一种奢侈品，照理说不是普通百姓消费得起的，但是文化却把汽车和民众的距离拉近了。

强势文化打造产业

"才饮长沙水，又食武昌鱼。"三十多年前，毛泽东的诗句让武昌鱼从一种地方佳肴一下子变成了神州家喻户晓的名品，那个时候，主席当然不会想到，他吟咏过的武昌鱼有朝一日会成为一个企业集团的金字招牌。

翻开中国文化史，我们可以发现，武昌鱼出名可以追溯到几千年前。在中国最古老的诗歌总集《诗经》中，就可以找到武昌鱼的踪迹。《诗经·衡门》中有这样的诗句："岂其食鱼，必河之鲂?"这里的"鲂"，指的就是武昌鱼。这以后，历代关于武昌鱼的诗文更是绵延不绝。在与武昌鱼有关的历史名人中，名声最大的是两个影响了历史进程的人：一个是古代的孙权，一个是当代的毛泽东。

湖北鄂州是正宗武昌鱼的产地，鄂州人看准了这一点，打出正宗武昌鱼产地的招牌，积极组织产业化经营，实行强强联合，优化资本运营方式，打武昌鱼牌，走特色发展之路，于1997年初组建武昌鱼集团公司，使其成为湖北龙头企业的老大、农业产业化的"航空母舰"。同时，大力弘扬武昌鱼文化，以产业为基础反哺武昌鱼文化，形成了文化与产业的良性互动。为增强企业的凝聚力和向心力，集团已经成功举办了集文化体育、经济贸易、康复旅游、理论研讨于一体的"武昌鱼国际文化节"，这次文化节为扩张武昌鱼无形资产，打造武昌鱼知名品牌增添了精彩的一笔。经过多年发展之后，鄂州市武昌鱼集团公司"极目楚天舒"，终于找到了一条文化与产业协调发展的特色之路。

另一个成功事例是千岛湖旅游产业的崛起。千岛湖水下两座一千八百多年历史的古城，在沉默了四十多年之后，近来又成为人们关注的焦点。形成焦点的原因是千岛湖人正筹划开发水下旅游，它将使人们有机会在水下重睹保存完好甚至木质城门都还能开启的淳安古城和遂安古城。这个消息一传出，立刻震惊了全国。因为千岛湖水下有城早已不是新闻，因此有人表示，千岛湖此前所谓的大规模水下探寻，无疑是一场“秀”。

是不是作“秀”，暂且不论，因为千岛湖人的回答无法不令人正视：一千八百多年的“历史”在水下长期默默无闻，千岛湖的美景失去了根，我们想起了水下古城，就是要挖掘千岛湖的深厚文化。

的确，同样的山、同样的水，“含金量”孰高孰低，凭的就是“文化”两字。俗话说，一方水土养一方人，如今，我们不妨换一种说法：一方水土培育一方经济。因为经济的发展在很大程度上也将越来越依赖于文化。

第十课 入世后的中国零售业

随着中国加入世贸组织，越来越多的外资零售商将进入中国，他们以连锁店形式进行规模经营，目的在于开拓中国13亿人口的广阔市场。外资的进入会给中国的零售业带来怎样的冲击？中国零售业的现状如何？与外资零售商相比，中国的零售商店存在着哪些差距？造成这些差距的原因是什么？怎样才能在竞争中缩短这些差距？下面的课文会给你答案。

【生词】

1 **有限** yǒuxiàn（形）表示数量不多，程度不高。

2 **咄咄逼人** duōduō bī rén 气势汹汹，盛气凌人；也指形势严峻，给人压力。

3 **经营** jīngyíng（动）筹划并管理。

4 **招架** zhāojià（动）抵挡。

5 **总额** zǒng'é（名）total sum; amount; total　总的金额或数额。

6 **尚未** shàngwèi（副）还没有。

7 **份额** fèn'é（名）share; portion　在整体中所分得的规定的数目。

8 **足以** zúyǐ（副）足够，完全可以（表示程度够得上）。

9 **正比** zhèngbǐ（名）direct ratio ↔反比

10 **潜在** qiánzài（形）potential；latent　存在于事物内部没有显现出来的。

11 **廉价** liánjià（形）≈贱价；低廉　↔高价；昂贵　价格便宜。

12 **注重** zhùzhòng（动）注意并重视。

13 **渗透** shèntòu（动）比喻某种事物逐渐进入到其他事物中（多用于抽象事物）。

14 **攻城掠地** gōng chéng lüè dì 攻战城池、夺取土地，也说“攻城略地”。

15 **单枪匹马** dān qiāng pǐ mǎ 一个人单身上阵，比喻单独行动，没有别人帮助。

16 **遍地开花** biàndì kāihuā 比喻好的事物到处涌现或普遍发展。

17 **洋店** yángdiàn（名）外国人在本国开办的商店。

18 **大举** dàjǔ（副）大规模地进行（多用于军事行动）。

19 **登陆** dēnglù（动）渡过海洋或江河登上陆地。

20 **按部就班** àn bù jiù bān ≈循序渐进；↔急于求成　按照一定的条例，遵循一定的程序。

21 **惯例** guànlì（名）≈常例；常规　一贯的做法。

22 **代销** dàixiāo（动）sale by proxy　代理销售（某些商品）。

23 **赊账** shēzhàng（动）credit account　把买卖的货款记在账上延期付款；赊欠。

24 **华而不实** huá ér bù shí ≈徒有其表　只开花不结果，比喻只有漂亮的外表，没有实际内容。

25 **各自为政** gè zì wéi zhèng 各自按照自己的主张办事，不互相配合，不顾整体。

26 **小打小闹** xiǎo dǎ xiǎo nào 指小规模地开展工作、生产等。

27 **销售额** xiāoshòu'é 卖出商品（或服务）后得到的钱的数目。

28 **店铺** diànpù（名）泛指商店。

29 **员工** yuángōng（名）职员和工人。

30 **频道** píndào（名）channel

31 **前列** qiánliè（名）最前面的行列，比喻在工作或事业中处于带头的地位。

32 **头号** tóuhào（形）第一号的；最大号的。

33 **迫切** pòqiè（形）需要到难以等待的程度，形容十分急切。

34 **掀起** xiānqǐ（动）使大规模地兴起；发动。

35 **风暴** fēngbào（名）比喻规模大而气势猛烈的现象或事件。

36 **仓储** cāngchǔ（动）keep grain, goods, etc., in a storehouse　用仓库储存（保存）。

37 **恪守** kèshǒu（动）≈信守　严格遵守。

38 **批发** pīfā（动）成批地出售商品。

39 **吸纳** xīnà（动）吸收纳入。

40 **会员制** huìyuánzhì（名）membership

41 **归咎** guījiù（动）归罪。

42 **根深蒂固** gēn shēn dì gù 比喻基础牢固，不易动摇或改变。

43 **作祟** zuòsuì（动）比喻暗中捣鬼作怪，妨碍事情顺利进行。

44 **低下** dīxià（形）≈差劲；↔优秀；优良　质量差的或在一般标准之下的。

45 **独揽** dúlǎn（动）独自把持和操纵。

46 **垫付** diànfù（动）暂时代别人付钱。

47 **得益** déyì（动）得到好处；受益。

48 **不足为奇** bù zú wéi qí ≈平淡无奇；↔空前绝后；前所未有　不值得奇怪，指事情、现象等很平常或在情理之中。

49 **分割** fēngē（动）将整体或有联系的事物分开。

50 **固有** gùyǒu（形）↔外来　本来就有的。

51 **陈规陋习** chénguī lòuxí 旧的、过时的规矩、规章制度和不良的习惯（习俗）。

52 **迥异** jiǒngyì（形）大不相同。

53 **同行** tóngháng（名）行业或专业相同的人。

54 **千店一面** qiān diàn yī miàn 成千个商店都是一个面孔，形容许多商店都是一个样子，没有特色。

55 **刻板** kèbǎn（形）≈呆板；死板；↔灵活　比喻不灵活，缺少变化。

56 **削价** xuējià（动）≈降价；减价；↔涨价；提价　降低价格。

57 **让利** rànglì（动）让出部分利润或利益。

58 **力争上游** lìzhēng shàngyóu ↔甘居下游　比喻努力奋斗，争取先进。

59 **移植** yízhí（动）比喻将别处的优良事物拿来，改造为自己领域的东西。

60 **金额** jīn'é（名）金钱的数额。

【专有名词】

1. **沃尔玛** Wò'ěrmǎ Wal-Mart 世界著名的零售商。
2. **八佰伴集团** Bābǎibàn Jítuán 著名的日本零售商。
3. **上海一百** Shànghǎi Yībǎi 上海一家较大的零售集团。
4. **上海华联超市** Shànghǎi Huálián Chāoshì 上海一家较有名的零售超市。
5. **麦德龙** Màidélóng Maidelong 世界著名的零售商。

【课文】

入世对零售业的冲击

外资零售商进入中国市场带有一定的扩张性和战略意图，虽然数量**有限**，但其**咄咄逼人**的低价优势和全新的**经营**观念使得中国零售业只剩了**招架**之力。

据统计，1996 年已开业的大型合资零售企业，整个零售**总额尚未**超过 40 亿元，不到当年中国社会商业零售总额的 0.5%，所占市场**份额**一般为 5%。单个企业的年销售规模尚未超过 10 亿元，目前尚不**足以**对中国零售业构成威胁。但我们必须清醒地认识到，外资对我国零售业所产生的冲击和影响不是与其存在数量成**正比**的，其**潜在**威胁可以从外资进入我国的目的性和阶段性的转变看出来：从目的性看，外资已从主要利用我国的**廉价**劳动力转移到重在开拓 13 亿人口的广阔市场，**注重**长远利益和长期效益；从阶段性来看，外资进入零售领域，最初是以商品输入带动名牌产品对中国市场份额的争夺。近几年，日、美、法等国际零售业的巨头们纷纷在深圳、上海等大城市亮出自己的店牌。这表明国际零售集团已从**渗透**阶段转入**攻城掠地**阶段，而像沃尔玛等国际知名品牌进入时已不再是单个商店的**单枪匹马**，而是连锁形式的**遍地开花**，统一管理，统一配送，具有明显的规模效应，使零售业的竞争更加激烈。

然而，面对**洋店**，人们不得不承认，无论是管理机制、人员素质、经营手段，还是商品价格、服务水平、技术实力，国内零售店与之相比，差距都十分明显。因此，外资**大举登陆**我国零售市场，对我国商界来说无疑增加了一个强有力的竞争对手，冲击着我国同行长期以来形成的**按部就班**的**惯例**、**代销赊账**的陋习及**华而不实**的营销。

外资的进入，使中国商界人士对规模经营技术实力有了清醒认识

业内人士指出，目前中国零售业**各自为政**的多、**小打小闹**的多、小而全的多。而进军中国的国际零售集团在资金实力和规模上都具有明显优势。它们从最初进军中国便树立了战略目标：企业规模化经营。1996 年，被称为全球百货业“巨无霸”的美国沃尔玛**销售额**为 1 050 亿美元，**店铺** 3 000 家，相当于这一年中国社会商品零售总额的三分之一。日本著名的八佰伴国际集团到目前为止已在深圳、上海、无锡、苏州和北京合资兴建了 20 家企业，拥有 2 700 多名**员工**，总投资达 5 亿美元。而排名我国零售业首位的上海一百 1997 年的销售额只有 28 亿元人民币（合 3 亿美元）。一方是“航空母舰”，一方是“舢板小船”，实力相差悬殊。尽管近几年国内商界也在“上规模，上水平”方面作了较大努力，可经营战略和规模似乎仍在原地打转，没有明显的提高。

不仅如此，洋店在经营方面科技含量也较高。沃尔玛在美国总部拥有自己的商业卫星专用**频道**，用来传递和处理来自世界各地的市场和连锁店的信息。深圳沃尔玛也拥有包括客户管理、配送中心管理、财务管理、商品管理和员工管理的计算机系统，市场应变能力极强。而目前国内商界才刚刚提出“自动化”口号。即使是走在**前列**的上海华联超市，虽已是拥有 101 家分店的国内**头号**规模的超市集团，也只用了 3 000 万元的技术投入来武装自己，与那些著名的洋店相比，其现代化管理水平的程度可见一斑。

因此，如果中国零售企业再不对规模经营和技术层次有一个正确、清醒、**迫切**的认识，采取符合实际的战略措施，就很可能会在激烈的商业竞争中败下阵来。

外资的进入，使中国传统的商业经营方式和手段更显落伍

外资对中国零售业的最大冲击便是**掀起**了一场廉价**风暴**，这是洋店最具挑战性的优势，也是国内商业企业最难与之抗衡的一点。例如深圳沃尔玛、上海麦德龙等**仓储**式商场**恪守**"每天低价格"的经营原则，商品价格平均比市场上的商场便宜5%，以相当于**批发**的形式各自**吸纳**了数万**会员制**客户。

有人把中国商业零售品价格低和与之难以抗衡的原因**归咎**于外商资金实力雄厚，而实质在于中国商业**根深蒂固**的传统经营方式——代销制在**作祟**。众所周知，洋店实行的是经销制。代销制与经销制相比，两者孰优孰劣？代销制风险小，价格贵；经销制风险大，但价格低。为避免市场风险，以求保险，代销赊账变成了中国商业的"游戏规则"；经销制是谁都不敢碰，谁也不愿碰。代销制是传统计划经济体制的产物。步入20世纪90年代，我国零售商信誉**低下**，"先销货后付款"的代销制使生产厂家风险**独揽**，卖给内资零售企业产品的出厂价必然包含资金**垫付**的风险成本，导致价格偏高。而外资商店的低价主要**得益**于其实施的C&C配销体系——零售商先以极低的价格买断生产商的全部或大部分产品，然后再卖给客户。由于避免了诸如资金周转等困难，生产厂商便能给零售商以相当的价格优惠。例如，深圳沃尔玛可以拿到比其他竞争对手价格平均低6%的产品。因此，合资零售店的商品低价便**不足为奇**了。也正因为有这个优势，他们才能在市场利益**分割**和市场利益转移中，不断地像滚雪球一样，愈滚愈大。

外资的进入，带来了现代商业观念，打破了中国商界固有的陈规陋习

中外商店之间固然存在企业实力和经营手段的差距，但更重要的却是反映出了经营者对现代商业的理解力、经营者的文化素质和战略眼光以及价值观念的**迥异**。外资的进入不仅带给人们一种全新的感受，而且把最先进的管理模式和经营机制以及现代商业观念带给了中国**同行**，冲击了中国商界传统的陈规陋习。很长一段时间内，国内商场一味追求大型化、集中化、高档化，经营品种

千店一面，装饰陈列单调**刻板**，营业时间几十年如一日（都是早九点到晚九点），操作仍停留在手工阶段，对自动化不以为然，竞争上采用**削价让利**的原始手段。即使想**力争上游**，在学习、**移植**先进经验时也往往弄得不伦不类、花里胡哨。近几年，国内零售业也有推出“会员制”的，还附上一次消费**金额**达多少才能享受优惠等条件，顾客对此早就失去信心和兴趣了。

【注释】

一、不到当年中国社会商业零售总额的0.5%

“总额”，名词，总的金额或数额。跟它意思相近的一个词是“总量”，也是名词，指一定范围内各个部分数量的总和或总的数量。“总额”和“总量”的区别在于，“总额”侧重指获得或花费钱的总数，“总量”侧重指物的总数。

例如：

（1）那家工厂今年的销售总额是1 000万元。

（2）政府每年支出的工资总额是笔不小的数目。

（3）沙漠地区每年的降雨总量都不会超过200毫米。

（4）会计正在统计全省今年的粮食储备总量。

二、目前尚不足以对中国零售业构成威胁

“足以”，副词，意思是完全可以够得上或达到，用于书面语，后面加动词短语，否定形式是“不+足以”。

例如：

（1）这些作品足以说明他艺术水平的高超。

（2）现有的证据并不足以表明火星上有生命。

（3）全国一年浪费的粮食足以让50万人吃一天了。

（4）这种罪大恶极的人，不杀不足以平民愤。

三、注重长远利益和长期效益

"注重"，注意并重视。它的近义词是"着重"，两词都是动词，区别在于："注重"，多指考虑问题时，集中注意力于某一方面，予以重视；"着重"多指说话或处理问题时，把重点放在某一方面，予以强调和加强，常说"着重说明"、"着重指出"。另外，可以说"着重点"，不能说"注重点"。

例如：

(1) 现在的父母都很注重对孩子的教育。

(2) 我们必须注重产品的质量。

(3) 那份报告着重说明了人才对公司发展的重要性。

(4) 在今天的会上，校长着重讲了三个问题。

四、从阶段性看，外资进入零售领域，最初是以商品输入带动名牌产品对中国市场份额的争夺

"领域"，范围、方面（用于社会活动、思想意识等）。它的近义词是"范畴"。两词都是名词，都可以指一定的范围，区别主要有：

1. "领域"可以指认识的范围，也可以用于一般的社会活动，适用范围较大；"范畴"是哲学术语，只能用于思维、逻辑等方面，适用范围较小。
2. "领域"还可以指一个国家行使主权的区域。在这个意义上与"范畴"不构成同义关系。

例如：

(1) 在市场经济条件下，要积极扩大商品的流通领域。

(2) 两国要建立广泛联系，加强在各个领域的合作。

(3) 对立和统一属于哲学的基本范畴。

(4) 汉字属于表意文字的范畴。

五、一方是"航空母舰"，一方是"舢板小船"，实力相差悬殊

"悬殊"，形容词，意思是相差很远，差距很大。一般形容词作谓语时，对主语所指的数量并没有特别的要求，单数、多数都可以。可是"悬殊"作谓语时，却要求主语是指多数的（常是双数），或者主语是并列的两个反义词，或者主语里的定语指两个数目。

例如：

（1）两个国家的生活水平相差悬殊。

（2）这是一场力量对比悬殊的足球比赛。

（3）夫妻年龄悬殊，老夫少妻的现象如今越来越普遍了。

（4）由于企业观念与文化差异悬殊，两个异国公司很难合并。

注意，“悬殊”本身就有相差很远或差别很大的意思，后面不必再加“很大”、“极大”等修饰成分。

六、采取符合实际的战略<u>措施</u>

“措施”，指为解决某个重大问题所采取的办法。和“措施”意思差不多的一个词是“办法”。两词都是名词，都可以指解决问题的方法，区别主要有：

1. “措施”多用于书面语，用于较大的事情；“办法”没有这些限制。“办法”的适用范围比“措施”大。
2. “措施”前面的量词可以用“项”，如“五项措施”；“办法”前面的量词多用“个”、“套”，如“一个办法”、“几套办法”。
3. “措施”常作“制订”、“订”的宾语；“办法”常作“想”的宾语。

例如：

（1）计划已经订出，措施就应该跟上。

（2）政府最近出台了一项治理经济环境的重大措施。

（3）你说的办法不错。

（4）我想出了一个解决问题的好办法。

七、有人把外商零售品价格低和与之难以抗衡的原因<u>归咎于</u>外商资金实力雄厚。

“归咎于”，习惯用语，也说“归罪于”，指把错误或罪过归于某人或集体。与这个词意思相对的是“归功于”，指把功劳归于某人或集体。两词后面都必须带宾语，其中“归咎于”常构成“把”字句；“归功于”的主语常是表示成就、胜利等的词语。

"归咎于"和"归功于"都和"归于"这个词有关系。"归于"是动词，用法主要有：

指"属于"时，后面一定要带宾语（多指抽象事物）；指"趋向"时，必须带形容词、不及物动词作宾语。

例如：

（1）他把工作没做好的原因全归咎于客观条件太差。

（2）这一切成就应该归功于大家的共同努力。

（3）功劳应归于辛勤指导运动员的教练们。

（4）经过讨论，大家的意见已归于一致。

八、而实质在于中国商业根深蒂固的传统经营方式——代销制在作祟/洋店实行的是经销制

"代销制"是企业的一种销售模式，又叫销售代理制。经销商代销企业产品，卖出去利益均分，卖不出去退货给企业。这种销售模式的特点是先销售货物再付款给企业，经销商不用承担任何风险。"经销制"也是一种销售方式，这种方式要求经销商用全部或部分现款从企业进货，不能赊账，企业提供一定的宣传和促销支持。这种销售模式的特点是经销商先付款，企业后发货。因为不能赊账，经销商也承担一定的风险。

九、而外资商店的低价主要得益于其实施的C&C配销体系

"C&C配销体系"即现付自运制（Cash and Carry，简称 C&C），是麦德龙、沃尔玛、家乐福等外资零售商使用的经销模式。它的运作过程一般是：零售商向供应商提供订货单，供应商直接送货，顾客在超市内自由挑选商品，结算时只能使用现金，不能赊账或使用信用卡等，购物后顾客自己将商品运回。这样，商品在供应商、零售商、顾客之间能以最低的成本和最短的资金占用时间完成流动。这种模式适应了快速高效的销售需要，大大降低了超市的运营成本。

十、由于避免了诸如资金周转等困难

“诸如”，举例用语，放在所举的例子前边，表示抽样举例，而且所举的例子不止一个。

例如：

（1）各种杂事，诸如代买物品、迎来送往、值班守夜等等，小王都乐于承担。

（2）一年来，学校领导为职工做了不少实事，诸如美化校园、建新食堂、改善教师办公条件等等。

十一、中外商店之间固然存在企业实力和经营手段的差距

“固然”，连词，用于书面语，主要有下面两种用法：

1. 表示承认某一事实，引起下文转折，提出相对立的另一事实（这时前后小句的意思是矛盾的）。后一小句中常用“但是”、“可是”、“然而”等词与之配合。

例如：

（1）药固然可以治病，但服用过量也会产生副作用。

（2）这家医院的医疗设备固然先进，但医疗水平并不高。

“固然”的前后有时可以是同一词语。

例如：

（3）工作单位离我家远固然远点，不过交通还算方便。

2. 表示承认某一事实，下文接着提出并不对立的另一事实（这时前后小句的意思不矛盾，转折较轻），重在突出后一小句，多用“也”、“还是”、“而且”、“又”、“更”等与之配合。

例如：

（4）考上公费留学固然好，考不上也还可以自费留学。

（5）铝合金的门窗固然好，钢的也不错呀。

注意：“固然”和“虽然”在使用时有时容易混淆，两词的主要区别有：

1. “固然”侧重于承认某种事实，“虽然”侧重于让步。因此，“虽然”不能用在表示前后意思不矛盾的句子里。例如：“上大学固然好，就业也不

错。”不能说成“上大学虽然好，就业也不错”。

2.“虽然”用在主语前后比较自由，“固然”很少用在主语前。

十二、装饰陈列单调刻板

“刻板”，比喻不灵活、缺少变化。它的近义词是“呆板”。两词都是形容词，都有不灵活、缺少变化的意思，区别在于：

1.“刻板”，侧重在固定成某种模式不改变，“呆板”侧重在反应迟钝不知道变化。

2.“刻板”多用于形容生活习惯、工作方式及表演等，“呆板”多用于形容人的头脑、性情、做事等；“刻板”还有雕版印刷的意思，“呆板”没有这种意思。

例如：

（1）他这个人言谈举止都很刻板。

（2）中国很早就有刻板印刷了。

（3）这篇文章写得太呆板了。

（4）他看起来很呆板，其实很聪明。

十三、在学习、移植先进经验时也往往弄得不伦不类

“不伦不类”，意为既不像这一类，也不像那一类。形容不成样子、不合格式，也不规范。“不……不……”是一种固定格式，这里我们用“甲”、“乙”代指“……”，介绍一下这种固定格式的几种构成形式：

1. 甲、乙是意思相同或相近的单音节动词或文言词语，表示“既不……也不……”。

例如：

不吃不喝　不说不笑　不言不语　不卑不亢

2. 甲、乙是意思相对的单音节形容词、方位词或文言词，表示适中、恰到好处。

例如：

不高不矮　不快不慢　不前不后　不软不硬

3. 甲、乙是意思相对的单音节动词、形容词、名词、方位词或文言词，表示既不像这，也不像那，而是一种不满意的中间状态。

例如：

不死不活　不男不女　不上不下　不人不鬼

4. 甲、乙是意思相对或相关的动词或短语，"不甲"是"不乙"的条件，表示"如果不……就不……"。

例如：

不干不行　不打不相识　不见不散　不看不知道

【练习】

一、根据课文选择正确答案。

1. 外资对中国零售业的最大冲击是________。

   A. 规模化经营　　B. 经营方面科技含量高

   C. 掀起了一场廉价风暴　　D. 会员制的经营方式

2. 中国零售业很难与外资零售店抗衡的根本原因是________。

   A. 外商资金实力雄厚　　B. 长期形成的代销制的经营方式

   C. 现代化管理水平低　　D. 不是仓储式商场

3. 下面选项中不属于中国零售业特点的是________。

   A. 企业间各自为政，没有形成规模经营

   B. 技术水平低

   C. 注重长远利益和长期效益

   D. 竞争上采用削价让利的原始手段

4. 下面选项中不属于外资零售企业的是________。

   A. 沃尔玛　B. 华联超市　C. 麦德龙　D. 八佰伴

5. 下面说法中不符合课文作者观点的是________。

A. 外资对中国零售业产生的冲击和影响与外资企业的数量成正比

B. 国内零售店与洋店的差距仅仅表现在管理机制、人员素质和经营手段上

C. 目前，外资企业的主要目的是开拓中国市场

D. 目前，外资企业对中国的零售业构成了严重的威胁

二、根据课文解释下面句子中画线部分的意思。

1. 尽管近几年国内商界也在“上规模，上水平”方面作了较大努力。
2. 外资大举登陆中国零售市场，对中国商界来说无疑增加了一个强有力的竞争对手。
3. 1996年，被称为全球百货业“巨无霸”的美国沃尔玛销售额为1 050亿美元。
4. 一方是“航空母舰”，一方是“舢板小船”，实力相差悬殊。
5. 各地著名商场经营战略和规模似乎仍在原地打转，没有明显的提高。
6. 即使是走在前列的上海华联超市，虽已是拥有101家分店的国内头号规模的超市集团，也只用了3 000万元的技术投入来武装自己。
7. 因此，如果中国零售企业再不对规模经营和技术层次有一个正确、清醒、迫切的认识，采取符合实际的战略措施，就很可能会在激烈的商业竞争中败下阵来。
8. 外资对中国零售业的最大冲击便是掀起了一场廉价风暴，这是洋店最具挑战性的优势。
9. 为避免市场风险，力求保险，代销赊账便成了中国商业的“游戏规则”。
10. 也正因为有这个优势，才能在市场利益分割和市场利益转移中，不断地像滚雪球一样，愈滚愈大。
11. 很长一段时间里，国内商场一味追求大型化、集中化、高档化，经营品种千店一面，装饰陈列单调刻板，营业时间几十年如一日（都是早九点晚九点）。
12. 即使想力争上游，在学习、移植先进经验时也往往弄得不伦不类、花里胡哨。

三、给下列句子中画线的部分选择合适的义项。

输入

A. 动词，从外部送入内部

B. 动词，指从国外或境外买进商品或引进资本，进口

(　　) 1. 医生把药液输入病人体内。

(　　) 2. 改革开放以来，有很多外国资本输入中国。

(　　) 3. 工人们把石油输入管道。

(　　) 4. 最近，我省从广东输入了一批化肥，质量很好。

卫星

A. 名词，围绕行星运动，本身不发光的天体

B. 名词，像卫星那样环绕某一中心的

C. 名词，指人造卫星

(　　) 1. 北京周围有很多小的卫星城。

(　　) 2. 月球是地球的卫星。

(　　) 3. 气象卫星能预报天气。

(　　) 4. 这几个小厂都是我们集团的卫星厂。

投入

A. 动词，放进（某种环境）

B. 动词，参加（某种行动）

C. 动词，指精力集中地做某事

(　　) 1. 他无论做什么事都很投入。

(　　) 2. 请将选票投入票箱。

(　　) 3. 每个公民都应积极投入到国家建设中来。

(　　) 4. 新的机场已经正式投入使用。

装饰
A. 动词，表面加些附属的东西，使美观
B. 名词，指装饰品

(　　) 1. 有了这些装饰，房间显得更漂亮了。
(　　) 2. 彩霞把天空装饰得非常美丽。
(　　) 3. 他向来朴素，不爱装饰。
(　　) 4. 那个女孩房间里的各种装饰都很精巧。

手工
A. 动词，用手操作
B. 名词，靠手的技能做出某种东西的工作

(　　) 1. 那条毛毯是手工织的。
(　　) 2. 幼儿园的小朋友正在做手工。
(　　) 3. 这里很多工种还是手工劳动。
(　　) 4. 他坚持不收手工费。

四、选词填空。

咄咄逼人	遍地开花	各自为政	不以为然
攻城掠地	按部就班	不足为奇	力争上游
单枪匹马	华而不实	陈规陋习	根深蒂固

1. 重男轻女的观念在有些中国农民的脑子里仍然________。
2. 你只要________，慢慢地去做，自然会有结果。
3. 这项工作不依靠大家的力量，________是很难完成的。
4. 同学们要________，争取期末考试得个全校第一。
5. 只有打破过去留下来的一些________，社会才能进步。
6. 他嘴上没有说不对，心里却很________。

7. 政府各部门之间应该互相协助，不要________。

8. 他那________的发言，引起了与会人员的不满。

9. 这项新技术要经过试验后逐步推行，不要一上来就________。

10. 没有人会喜欢一个________、夸夸其谈的人。

11. 那位著名的将军善于打仗，打起仗来________，无往不胜。

12. 他们本来就不同意小王当班长，提出另外的人选________。

五、辨析下列近义词并选择填空。

总额—总量　　注重—着重　　领域—范畴

措施—办法　　刻板—呆板

1. 这家商场这个月的营业________为 3 000 万人民币。

2. 那所大学的中国古代小说研究在学术________是水平最高的。

3. 她不答应，你也拿她没________。

4. 工作中千万不能________地套用别人的经验。

5. 办事要________实效，不要搞形式主义。

6. 要采取有力________，制止滥砍滥伐森林的行为。

7. 近几年，北京市私人汽车的________在快速增长。

8. 老师________指出了李明学习中存在的问题。

9. 商品和价值是政治经济学中的两个基本________。

10. 她是一个脑筋________，反应迟钝的学生。

六、用指定词语完成句子。

1. 这件事情________。（足以）

2. 那两个运动员________。（悬殊）

3. 这个城市存在很多问题，________。（诸如）

4. 这样做________。（固然）

5. ________，________，他都是最好的。（无论是……还是……）

6. ________，你也是有责任的。（归咎于）

7. 他能取得这么优异的成绩，________。（归功于）

8. 他总是________。（归于）

七、综合填空。

沃尔玛认准的目标就是__1__中低收入的大众阶层，经营低__2__、多而全的商品。几十年来，沃尔玛一直__3__薄利多销的经营__4__。当一般竞争对手都采用定期的特价销售方式时，沃尔玛__5__了每天都提供最低价格商品的竞争策略。

1. A. 面对	**B. 面向**	**C. 面临**	**D. 倾向**
2. A. 价位	**B. 价值**	**C. 价钱**	**D. 价格**
3. A. 遵守	**B. 信守**	**C. 恪守**	**D. 坚守**
4. A. 战略	**B. 措施**	**C. 方法**	**D. 办法**
5. A. 提出	**B. 提供**	**C. 指出**	**D. 推出**

八、按照适当顺序排列下面的句子。

A. 跨国零售业进入一国时，往往需要与当地有经验的零售商结成某种战略伙伴关系。

B. 但历来也坚持要在共同建立的合资企业中占据主导地位，以保证合资企业的发展计划与家乐福的全球经营方针一致。

C. 家乐福每到一地，都积极寻求与有经验的当地零售企业建立良好的协作关系。

D. 以求在短期内熟悉市场并在进货、人力资源等方面得到支持。

九、根据以下提示写一篇小文章（300~400 字）。

1. 外资对中国零售业产生的冲击表现在哪些方面？
2. 中国零售企业的特点是什么？
3. 外资零售企业的优势主要有哪些？

【副课文】

普尔斯马特的零售霸王之路

前不久，全球最大的会员制仓储超市、美国第三大超市——普尔斯马特公司，在广州宣布设立南方采购中心和中国第22家分店，并计划两年内在广州开设4家至5家分店。此举被当地舆论形容为“又一国际物流巨头杀入华南圈地”。此次普尔斯马特挟势南下，虽比美国沃尔玛、法国家乐福等国际零售业巨头稍迟一步，但它以往在中国其他城市“过关夺隘”的突出业绩和独树一帜的经营理念不容忽视。

对普尔斯马特，中国北方许多城市居民并不陌生，但在南方知道者却不多。听说这家突然“空降”羊城的零售企业是全球商贸流通业又一家“巨无霸”，并

于不知不觉间，在中国已开办22家大型连锁店，年营业额达40亿人民币，创造了外资进军中国零售市场的奇迹，这令许多人产生了好奇心，想探究其成功的秘诀。为此，笔者采访了普尔斯马特中国企业执行副总裁汤·汉姆。

“七个正确” 理念独特　三管齐下志在必得

普尔斯马特公司是会员制仓储超市的始祖。它最早是美国的会员购物仓储俱乐部，追求的是“提供低价的高质量品牌产品和服务，体现会员概念的意义，形成会员忠实购买的模式”。1954年，索·普尔斯成立了美国第一家连锁折价商店，1976年发展成为美国第一家价格俱乐部——仓储式会员商店。随后不到4年，其销售额就突破1亿美元。1980年的销售额超过1.4亿美元。1994年，普尔斯马特首次将会员制概念引入亚洲和拉美市场，在韩国、巴拿马开办普尔斯马特会员制商店。之后，在关岛、印尼、菲律宾相继开设分店，逐步形成了国际性会员制商店。

普尔斯马特公司是世界上最早整合流通市场的企业之一，如今已发展成为美国第3大超市、世界商贸流通企业第6名，跻身于世界企业500强之列，在世界各地拥有会员商店270余家，会员3 000余万。去年，普尔斯马特的全球零售额超过340亿美元。

普尔斯马特确立了一个简单的经营理念——“六个正确”，即正确的商品、正确的地点、正确的时间、正确的数量、正确的条件和正确的价格。它要求在正确的时间、正确的位置，以正确的价格销售正确状态、正确数量的商品。这种独树一帜的经营理念，甚至为全球商贸流通业的“大哥大”沃尔玛所称道、学习和借鉴。

日渐融入中国经济后，普尔斯马特在“六个正确”的基础上，又增加了一个新的正确——正确的服务，以便更适应中国国情。同时，普尔斯马特因地制宜，推出三种适合不同消费层次的零售业态。这三种业态是：锁定特定消费群体的会员制超市——普尔斯马特，满足普通消费者的一站式大型购物中心——诺玛特，以及提供最便捷服务的24小时便利店。

普尔斯马特以这三种互享资源、互相补充的业态进入中国零售业市场，有针对性地锁定不同消费层次“攻城略地”，几乎很少失手，商界人士称之为普尔斯马特“杀手锏”。

适应本土谋定而动　由北到南步步为营

中国加入世界贸易组织后，华南商业重镇——广州地位凸现，零售市场群雄争霸，“硝烟”弥漫，来自外国、外省、外市以及本地的商业巨子合纵连横，各出奇招，扩充势力范围。相信“在竞争中取胜”的普尔斯马特公司，旋即加入战团。当华联、百佳等零售巨头纷纷撤出广州传统商业腹地——西关时，普尔斯马特却迎刃而上，进驻西关老区上下九商业步行街，开设分店和南方采购中心。

此次在广州开设的分店，普尔斯马特采取诺玛特购物中心的形式。与会员制商店不同的是，诺玛特不需要持卡消费，一般在市中心或社区中心选址，供应的商品更多。它还计划两年内在广州增开 4 家到 5 家店。诺玛特的出现为广州消费市场带来了新的“冲击波”，也为广东产品增开了一个走向全国甚至全世界的通道。

过去 5 年，普尔斯马特能在中国快速扩张，得力于它在引进美国先进零售技术的基础上，整合出了一套适合中国市场的专业零售技术，包括开展三种不同零售业态、在中国设立采购中心、从美国引进整个 IT 系统并进行本地化建设等。

与其他零售业巨头“北伐”的路子不同，普尔斯马特采取了“南下”的策略，由北向南，逐步推进。1997 年，第一家普尔斯马特会员制仓储俱乐部商店在北京开业，并设立北京采购中心。随后，在昆明、天津、成都、青岛、沈阳等地相继开办了 21 家连锁店。2002 年，普尔斯马特中国企业通过了 ISO9000 国际质量体系认证，成为中国首家获此认证的连锁店。

本着“高速度、高标准、低成本”的原则，普尔斯马特已锁定中国三十多个城市发展“大兵团”、“大连锁”。预计 2002 年年底它在中国的购物中心可达到40家，2003年底达到七十多家，实现年销售额一百亿元人民币。

娴熟运用信息技术　多年成就“价格杀手”

“永远为顾客省钱”是普尔斯马特的口号。它通过有效采购、低成本物流、现代化运作、控制支出比例等，为顾客提供高质低价的名牌产品。

这种会员制仓储超市与其他经营业态不同。它追求一个“链条”目标：低价——更多会员——更多需求——更好的采购力与供货商沟通——更低的价格。会员每年交纳一定的会费，办理会员卡，就可以在普尔斯马特店里选购经过精心选择、最畅销的名牌优质商品。而非会员采购则需要在正常价格基础上另加10%。

会员拥有购物卡，无异于拥有高品质生活的“绿卡”。他们可以购买优质商品、享受舒适的购物环境和温馨的服务，还可以通过网络商家，享受到餐饮、旅游、娱乐、医疗保健、咨询等超值服务。

在外人看来，普尔斯马特商品价格之低有些不可思议。其实，“物美价廉”是其多年来从实践中摸索出来的。它拥有全球采购系统，可以选择最好的商品。通过世界性采购平台，与国内外知名厂家合作，直接进货，无须中间环节，把名牌和特色商品低价提供给会员。

同时，员工们以高生产率和最新零售技术，将商品售价降至最合理的水平。普尔斯马特的集成信息系统对每种商品日销量进行跟踪，没有销量的立即淘汰；会员有需要的，尽可能满足。它强调“实时库存”概念，即管理人员和采购人员可以通过使用该系统，掌握已订购的和正在运输的商品，控制现有库存量与当时销售比例，有效地控制和管理库存。而物流与运输专业人员则掌握了现代化连锁供应管理、从供货到销售的电子交换技术、物流设备管理、低成本核算方式运作商品等技术。

可以说，这种零售模式将信息跟踪与分析智能化，特别是依托计算机集成化的财务和商品信息管理系统的支持，成为提供价低质优商品服务、最大化地为顾客谋利益的关键，也叫响了普尔斯马特闻名世界的“价格杀手”的绰号。